股票即日交易的真相

严峻挑战与成功之道

（美）乔希·迪皮特罗（Josh DiPietro）◎著　　罗光海◎译

The Truth About Day Trading Stocks : A Cautionary Tale About
Hard Challenges and What It Takes To Succeed

北方联合出版传媒（集团）股份有限公司

万卷出版公司
VOLUMES PUBLISHING COMPANY

著作权合同登记号： 06-2010 年第 189 号

© 迪皮特罗 2011

图书在版编目（CIP）数据

股票即日交易的真相：严峻挑战与成功之道／（美）
迪皮特罗著；罗光海译. —沈阳：万卷出版公司，
2011.3

（引领时代）

ISBN 978-7-5470-1078-5

Ⅰ．①股… Ⅱ．①迪… ②罗… Ⅲ．①股票—证券交
易—基本知识 Ⅳ．① F830.91

中国版本图书馆 CIP 数据核字（2010）第 119332 号

出 版 者	北方联合出版传媒（集团）股份有限公司
	万卷出版公司（沈阳市和平区十一纬路 29 号　邮政编码　110003）
联系电话	024-23284090　　**邮购电话**　024-23284627 23284050
电子信箱	vpc_tougao@163.com
印　　刷	北京市通州富达印刷厂
经　　销	各地新华书店发行
成书尺寸	165mm × 245mm　　**印张**　12.5
版　　次	2011 年 3 月第 1 版　　2011 年 3 月第 1 次印刷
责任编辑	邢和明　　　　**字数**　180 千字
书　　号	ISBN 978-7-5470-1078-5
定　　价	36.00 元

丛书所有文字插图版式之版权归出版者所有　　任何翻印必追究法律责任
常年法律顾问：李福　　**举报电话**：024-23284090
如有质量问题，请与印务部联系。联系电话：010-58572701

我想把本书献给所有即日交易者，献给已经踏上这条艰苦道路的业余交易者和专业交易者，献给那些明白即日交易不可速成的交易者。

Contents
目　录

5

Contents
目　录

译者序

"人孰无过？过而能改，善莫大焉！"

——《左传·宣公二年》

原书作者正是一个善于自省、善于改错的人。

"文过饰非"现在已经成了一种"明智"之举，极少有人愿意把自己犯过的错误拿出来分析，甚至自己都不愿意去想，而把自己的错误拿出来与人分享，更是需要莫大勇气的。

对于索罗斯、巴菲特、李嘉诚等投资大师们所犯的错误，大家可能都已耳熟能详，但作为普通交易者来说，不但无法企及大师们的成就，就是想犯他们那样的错误也不可能。原书作者正当而立之年，他十多年的交易经历，对于一般的即日交易者来说可能更有参考价值。他从一名普通的业余即日交易者，逐渐成长为一名专业的即日交易者，直至推广自己的顾问指导计划，除了交易知识的增长之外，更多的是心理素养的修炼。

讲述自己的错误，远不像谈论别人的错误那样轻松，而作者能以非常轻松甚至幽默的语调来讲述自己的错误，应该是非常达观的。咀嚼自己犯过的错误，就像咀嚼黄连一样，虽然过程是苦的，但结果是好的。

关于译文的几点说明：

一、首先想说一下本书的译名。刚接到原著时，本想译一个有些吸引力的名字，《股票即日交易圣经》或《股票即日交易的真谛》。但随着翻译过程的深入，我逐渐被作者的坦诚所感动，也更加明白了原书作者的深意，于是便改成了现在您看到的书名。正如书中所写的，"……我拒绝对它进行任何粉饰，因为那将是犯罪。"

二、书中提到的佣金计算方式有两种，一种是按交易笔数计算，每执行一张订单（买单或卖单），收取预定数额的佣金，译文中简记作PPT（per-per-trade），对应的经纪人（公司）便为PPT经纪人（公司）；一种是按股票数量计算，每买入或卖出一股，收取预定数额的佣金，译文中简记作PPS（pay-per-share），对应的经纪人（公司）便为PPS经纪人（公司）。这与我国证券公司的佣金计算方式不同，但对交易美股的朋友们可能有所帮助。

在本书的翻译过程中，智品书业（北京）有限公司的策划倪明（笔名倪敏）先生、郭婧女士，新标志论坛的木羊老师（张巍），我的妻子纪萍女士，还有身边的很多朋友以及很多网友，都给予了大量的帮助。可以说，没有他们的帮助，本书的翻译是无法完成的。在此一并表示感谢！

虽然译者尽最大努力保证译文的准确性，但由于水平所限，疏漏之处在所难免，希望各位读者斧正。

罗光海

2010年3月

|序|

"显然，最成功的"海龟"（turtle）〔译者注：参见《海龟交易法则》（Way Of The Turtle）〕是柯蒂斯·费思。交易记录表明，年仅19岁便开始交易的费思先生，为丹尼斯先生创造了3150万美元的利润。"

——斯坦利·W.安格瑞斯特，《华尔街日报》（The Wall Street Journal）

上面引用的这段话具有很强的误导性，万万不要认为即日交易的成功是一种必然事件。并非每位业余的即日交易者都能像费思一样成功。许多交易新手把所有的启动资金都赔光了，甚至是不止一次。本书《股票即日交易的真相》，目的是警醒天真、轻率的业余即日交易者们，并且在某种程度上使他们有所进步。我希望对交易新手们有所帮助，不要眼睁睁看着他们的资金消失。

在本书中，我希望坦诚地与业余交易者们一同分享我在即日交易中所经历的艰难险阻。在此说到坦诚，我的意思是非常彻底的真实。本书的大部分内容取自我的切身经历，事后想起来，常常觉得非常可笑。

这是我自己的故事，我在讲述时，就像我们在休闲地品着酒，我有时会将一切和盘托出——也就是说，把我犯过的所有错误都坦白出来。我个人的即日交易恐怖故事非常真实、生动。这些故事的主线是我多年来发现的一些关键心理因素，正是这些心理因素破坏了完美的即日交易。在这条主线之上，点缀着一些解决方案，它们

9

都是我痛定思痛的结晶。

我的声调有些滑稽，却富于同情心。我希望把这些技术实事求是地、毫无保留地与读者分享。我所讲述的方法，绝不是教你养一只"金鹅"，然后等它每日为你下一只金蛋。我撰写本书的目的有两个：其一是给正在发烧的业余交易者们降降温，其二是展示一下通往成功的道路，不至于让他们半途而废。在阅读本书的过程中你会发现，当我谈到灾难性情形——比如"持有"没有任何真正出场计划的股票时，"持有"这个词是用加粗突出显示的。如果你正在阅读本书，那么你可能是一位即日交易的初学者。或许你已经有一些经验，但仍然不是一位非常自信的专家。你士气高涨，非常渴望学习即日交易的成功之道。你可能是一位天生的冒险家，可以承担高度紧张的工作。

在通往成功的道路上，你将勇往直前，为了荣誉而战斗。刚开始，即日交易工作看起来可能很刺激，以交易为生的机会看起来棒极了。这将是一次冒险之旅！你发现了许多培训机构（当然，培训费非常高昂）。如果将如何做即日交易的书籍都买回家，足可以装满你的书架。你参加了一个培训班，面对令人头脑发胀的乐观情绪和车载斗量的希望，你开始构建自己伟大的梦想。作为一名交易者，成功的前景令你欣喜若狂。现在你看到了完美的未来画卷：财富、自由与安逸。

谁不希望穿着睡衣，每周能在家舒服地赚到5000美元？

我愿意带头承认：在没有获得自律技能，使这一切变为现实之前，沉迷于过分乐观的期望之中，我感到有一种负罪感。在上世纪90年代末，我才开始走上即日交易的辉煌之路。我从纽约州西部的布法罗市，迁居到南加利福尼亚州西海岸的港口城市圣迭戈。当我到达西海岸时，立即听说了这一赚钱很快的职业。

嗯，时间已经是2009年——已经整整过去了十年，我在这里向你发出人们都不愿听到的警告：如果不首先赔钱，你将无法掌握这项技能。许多交易新手因赔钱而垂头丧气，失去了面对市场的勇气。即便在市场中赚了钱的交易者，也承认亏损使他们的自尊心受到了很大的伤害。

我认识到，我对亏损的关注听起来令人生厌，或者起不到警示的目的。然而，在这一点上你可以相信我：强调亏损，有我的原因。要想获得长期、一致的成功，驯服"亏损"这只野兽的任务，比其他任务都重要。在即日交易中，一致性占据主要地位。

在本书中，你将看到情绪是怎样使交易决策产生扭曲和变形的。即日交易是一种心理过程，即日交易是情绪化的。每个人都能够学习如何分析和检查基本的经济数据，每个人都能够掌握图表形态分析。但是最后一个环节实时订单的执行，才是真正的问题所在，这就是为什么讨论情绪的原因。在本书中你将看到，当受到无法避免的恐惧和贪婪等因素的强烈刺激时，情绪是如何失去控制的，其后果将是灾难性的。

再次重申一遍，我不是在传授终极制胜的"金鹅"策略，不是在掩盖"即日交易"这种赚钱方式的高度风险。我感觉非常有必要强调一下亏损，目的是揭露出令人疯狂的真相：大多数即日交易新人都沉迷于这一职业阳光的一面而不能自拔——任由野心和兴奋感在体内涌动膨胀。对于新手来说，这些都是极度危险的。

我尽量使本书的文字幽默风趣，通俗易懂，但又不失为一本严谨的即日交易参考书。如果你把本书当做一本工具书，那么你可能只挑自己感觉最重要的部分阅读。我认为应该提醒你一下，不要那样做，你应该按照章节顺序阅读本书。后面章节的论述，建立在前面章节论述的思想之上，如果你跳着阅读，那么这些思想可能很难形成一个整体。

当谈到纯技术的技巧时，我敢保证，我的建议比那些五日培训班要好得多。我揭示了股票即日交易中一些真实存在的严峻问题，目的是捅破交易新手们自己吹起的美丽泡沫。然后，通过一些示例，我提出了一些非常实用的建议。我对PPT经纪人和PPS经纪人进行了对比，决定哪种类型的最好，何时最好；我明确说明了即日交易不是赌博，反复强调了保持低交易规模是一种明智之举。这些论述集中反应了我避免即日交易灾难的思想。

虽然我在本书中用一章的篇幅向读者展示了一个完美的交易日，但我撰写本书的目的不是让完美的交易成为众人瞩目的中心，更不是炫耀我的骄人业绩。我举这个例子的目的，是为了提出一些建议，从而帮助即日交易者避免在美好的交易前景面前转向失败。纵观本书，我在阐述如何走向成功的同时，也描述了敏锐的自我意识的培养。直言不讳地说，我的目标是帮助你培养纪律观念，并运用于你自己的交易之中。

在本书的附录中，你会发现一些"需要牢记的规则"，共有80多条，言简意赅，对于增进业余交易者的技能很有帮助。

现在我可以提供顾问指导计划，目的是使你掌握一些成功必需的工具。我认为最好的学习方式是在一位非常老练的交易顾问的监督下，直接进行交易。通过我的顾问指导计划，我将与你一同做即日交易，一对一指导，为期一周或一个月。要想获得更多相关信息，请登录网站：www.DayTraderJosh.com。

面对我提出的那些风险预警措施，你可能会想："如果我想赚钱，只要低买高卖不就可以了吗？"

喂！把那个过分单纯的观点拿起来丢到窗外去吧。为什么呢？因为它将伤害到你。真希望在我刚开始做即日交易时，曾经得到过这样的提醒。

致谢

首先，我要特别感谢丝瑞恩·萨俄。她是我最亲密的人，从一开始便支持我成为一名职业即日交易者。

我希望感谢乔亚娜·葛瑞恩，一位不可多得的作者与顾问，她为本书做了大量的编辑工作。在本书的撰写过程中，她一直给予我帮助和鼓励。

非常感谢我的父亲和他的朋友李·麦考密克，让我住在他们位于新英格兰山地的小木屋里。小木屋非常漂亮，新鲜的空气特别有助于清醒我的头脑，对于即日交易和本书的写作都很有裨益。

全神贯注的业余交易者

那是1999年。我坐在我的车里，行驶在搬迁的旅途上。

我从位于圣迭戈的家，驱车到位于南加利福尼亚州的欧文市去。一路上，蔚蓝色的天空闪耀着明亮的光芒，温暖、柔和的阳光轻吻着大地。在南加利福尼亚州，我每天都可以享受这些大自然的恩赐——甚至是在深冬。这种气候使我充满了希望和勇气。我感觉自己正在交好运。我来自寒冷、忧郁的美国"锈带"。（译者注：美国"锈带"，也被称为制造带，是指美国东北部各州，东起俄亥俄州，西至艾奥瓦州，北至密歇根州。这些地区曾经是美国的传统制造业中心，现在却盛景不再，经济衰退。锈带是由明尼苏达的钢铁产业而得名。1970年后，很多此地的工厂开始停工，工厂只剩下锈迹斑斑的大门。）

我要去参加一个为期三天的培训班，内容是即日交易策略。一周以前，我在打电话时被说服了，我应该去参加一个这样的培训班。与我通话的销售代表出色地完成了他的工作，使我鼓起勇气去参加他们的培训。

此时，我已经做了六个月的股票交易，还没有做过任何即日交易，但我内心有一种强烈的要求，去学习即日交易。在我来欧文的路上，我的期望是非常高的。我无心观看窗外的风景，深深地陷入思索之中，所以开车完全是条件反射式的。

从培训班回来之后，我一直在考虑要购买哪些股票，我就要发大财了。你看，我充满了自信。在做股票的短短几个月里，我已经做了几笔非常棒的交易。

我从来没有想过，它们算不上是好运气。

我到达了指定的豪华宾馆，用信用卡支付了高额的培训费，然后住下来，接受了三天全面的、非常带劲的头脑风暴式培训。

培训结束后，在驱车回家的路上，我按捺不住对即日交易的渴望，我必须找个人分享一下那种激情。我把车停在未婚妻的办公楼下，来不及熄火就跑了进去，迫不及待地想告诉她我学到了什么。

那话就像是从我肚子里自己冒出来的，"亲爱的，我得到了一只'金鹅'！我们的一切就要像闪电一样快地改变了。"

对于这种"改变"，当时我再确信不过了。然而可悲的是，我是错的，但我坚信一切会好起来的。

第二天早晨，我一从床上爬起来，就给所有的在线数据公司打电话。我在培训班新学的即日交易"完美"系统，必须从这些公司获得数据。该系统可以访问实时数据，并且提供专业的股票分析。

很快我便将一切设置完毕。

我穿着短裤，风吹着我裸露的脊背，有一种飞的感觉。我奇迹般地踏上了专业即日交易的道路，在家舒舒服服地工作！因为我现在拥有了所有的一流工具，同华尔街上的一流人士所用的一样……是吧？

加利福尼亚和煦的阳光穿过书房的窗户，赞美着我的新生活。那时，我的未婚妻和我刚买了新房子，位于北圣迭戈的海边，位置相当不错，但价格也相当昂贵。未婚妻与我平均分担购房费用。我决定一赚了钱，就要自己承担所有的开支。我的女儿为我感到自豪和高兴，她对我的工作非常支持，而且还经常给我一些鼓励。

即日交易全面开始了。我已经通过了培训，拥有温暖的阳光与家人的支持，拥有所有的在线资源。每天早晨，我伸着懒腰，穿上短裤，光着膀子和脚丫子便开始工作了。

一开始，我没有做真正的交易，换句话说，我做的是"模拟交易"（paper trading）。在接受培训时，我学会了执行实时订单的各种操作。现在我就按照所学的进行操作，但仅仅是练习。我只是以日志的形式在纸上记下入场价格。模拟交易旨在没有真正亏损或盈利的情况下学习交易方法。啊……就像那些很棒的股票交易一样，我总是能逢凶化吉。这给了我一种错误的自信感。

噢，耶！一个月的模拟交易使我信心倍增。在短短的时间里，我的模拟利润达到了10万美元。在模拟交易中，我一次买进了数万股。我的信心冲破了屋顶，扶摇直上……

然而，不幸降临了，在之后的几个月里，我输掉了所有的一切。

那是后话。在做模拟交易的最初几个星期里，借着刚从三天培训班带回来的新鲜劲，我读完了20本有关日内交易的著作，感觉自己简直就是一名交易专家了。我订阅了几份货币市场杂志，比如《华尔街日报》、《股票与期货》。我拥有所有的工具，以及所有的资源。

但我只有非常少的实战经验。

我的在线经纪人按每笔交易收取费用，当时他是小有名气的。记得那时我每笔交易支付15美元。

我永远不会忘记真正开始即日交易的那一天，那意味着使用我的真实资金。我守在我的那台36英寸捷威牌电脑显示器前面，旁边同时开着我的笔记本电脑，我感觉它们两个好像能够对话！以前的模拟交易相当成功，不过那都是假的。

今天我开始真正做即日交易了。

我清楚地记得，当我开始第一笔真实交易时有多么紧张。前面我已经提到过，我原本做过几笔还算成功的股票交易。但此时，我的情绪几乎失去控制，比以前做股票时紧张10倍还要多。以前没有哪一笔交易的感觉比现在紧张！

而且后来的所有交易都非常可怕。当时，每笔交易都使我极度紧张。把辛辛苦苦赚来的钱放在订单流中，就像在赌桌前面下注一样，你的心率立刻加倍，大脑开始飞速旋转。

很难清楚地想象那种情形。我认为每位交易者都有过那样的感觉，就是那些有雄厚财力作后盾的交易者也不例外，没有人喜欢赔钱！

一位哲人曾经说过，"从自己的错误中汲取教训的人是明智的，但是从别人的错误中汲取教训的人更明智。"我是从自己的错误中学习的那种人。对于你来说，可能要容易一些——通过本书，你可以研究一下我所犯的错误。

即日交易的心理真相
与应对策略

Psychological
Truths and What
to Do abort Them

令我非常奇怪的是，即日培训课程很少涉及初学者的情绪反应这一关键问题。提供即日交易培训的每位老师都应该知道，如果没有学会控制自己的情绪，即日交易者是无法取得成功的。

所以，我的第一个目标是探索即日交易的心理问题，然后给出我辛苦得来的建议。我把这一部分放在本书的开头，你应该先阅读它。我希望你不要粗略地翻阅，就直接跳到与技术策略相关的章节——你应该先对本部分内容了然于心。

为什么这一部分如此重要呢？因为在从事即日交易这一高度紧张的工作之前，先了解你自己，是非常关键的。

第1章

首先了解自身的真相

你可能会问一些相当现实的问题："到底什么是即日交易？它与其他类型的股票交易有何不同？"最后一个，却是最可能问的一个问题是："我的即日交易技能水平怎么样？我适合从哪里开始？"

在开始全职的即日交易之前，你应该知道上述所有问题的答案。

但是，你可能已经发现，要回答这些问题并不容易。关于即日交易的定义非常混乱，也很难度量你到底处于什么样的水平。

下面是《投资百科知识》中对即日交易的定义：

即日交易就是在一个交易日内完成同一支证券的买卖过程。

作为一名初学者，你应该首先了解一下即日交易与投资的区别。你要清楚自己感兴趣的是哪一种，还要知道自己的交易水平有多高。你可能发现解决这些问题需要动些脑筋，因为即日交易的工作环境多种多样。

在十多年前，互联网交易尚未开始，大部分即日交易者都在银行和投资公司工作，被人们称为证券投资专家，或者基金管理专家。但现在，随着法律法规的变化和互联网应用的增长，即日交易已经变得非常流行，数以千计的交易者在家通过互联网做即日交易，他们被称为私人证券交易者（Private equity trader）。

在大街上随便找两个陌生人，然后问一下他们什么是即日交易者，他们可能说是华尔街上的那些人，也可能说是在自家书房里通过互联网交易的那些人。他们中的一个，可能会描绘出这样一个即日交易者的形象：额头挂满汗珠，领带松松垮垮，衬衣袖子高高挽起，向交易大厅内的同伴喊着订单。另一个则可能是这样描绘的：

光着脚丫子，穿着短裤，整天像钉子一样坐在电脑前面。

这两个被调查的人可能都是正确的，因为已经无法用单个定义来描述即日交易者。即日交易的形式已经是多种多样，上面的描述远远不够，而且在多种多样的工作环境中，即日交易者们还使用着多种多样的方法。这就使得即日交易的概念变得更加模糊不清。你可能听说过以下对交易风格和交易策略的称谓：动量交易者（momentum trader），抢帽子交易者（scalp trader），股票交易者（equity trader），等等。

如果你感觉这些内容有些混乱，那么只要记住重点即可：专业的即日交易者在一个交易日结束前了结所有的头寸；即日交易者不持有隔夜头寸。

为了进一步理解即日交易的核心，我们可以反过来看一下即日交易：它不是投资。对于股票，投资与即日交易的区别主要表现在四个方面：

1. 投资一支股票，需要对其公司有一个实质性的研究和了解。

2. 投资时，你的大部分资金都位于单个头寸内。

3. 投资时，总的计划是持有头寸较长时间，以获得较高的盈利。持有股票的时间长短，是预期投资收益（ROI）的一个主要指标。

4. 投资需要对未来进行预测。

股票投资被划分为短期投资和长期投资。短期投资通常持有头寸一个季度或更短的时间——最多三个月，不会再长了。长期投资通常持有头寸超过一个季度，期望获得公司的分红，并从公司未来的盈利增长中获益。

当术语"投资"（invest）被不太严格地使用时，我们也可以说即日交易投资。在短短数个小时的时间里，你的确是在利用自己的资金投资。但是你不必非常熟悉所买股票的公司，不会用大部分资金购买一支股票（我希望如此），不会持有隔夜头寸，而且不需要预测公司的未来。这些便是交易者（trader）与投资者（investor）的区别。

使用"投资者"这一术语时，我们一般指的是套利基金管理人和证券投资专家。他们通常就职于较大的公司，比如高盛投资公司（Goldman Sachs）和美林投资公司（Merrill Lynch）。他们操控的资金往往高达数百万美元，那些钱都是客户的投资。因为不是他们自己的资金，所以他们必须具有从业资格，他们的工作主要是分析公司业绩、预测公司收益、寻找新的客户，并且留住现有客户。

那些基金管理人，或者具有从业资格的经纪人，无论你怎么称呼，他们需要决定把哪些公司加入投资组合中，并且怎样管理风险。他们一旦决定要把客户的资金投到哪支股票中，就给本公司的交易人员发一张订单。然后，那位受雇的即日交易人员便按照订单上的股票进行购买。

那种类型的即日交易者不是独立的。就像经纪人一样，他必须被授权，他的工作是兑现当天接到的所有需要执行的订单。一般情况下，他的收入是基本工资加一部分佣金。

独立的即日交易者（或者独立的股票交易者）也被称为即日交易者，但他们的工作却有着决定性的区别。他们只使用自己的资金，不需要获得从业资格。他们通常在家，或者在一张私人股票交易台前单独工作，那些按PPS方式收取佣金的经纪公司通常会提供这样的交易台。

所有类型的即日交易者都有一个共同点，那就是把工作时间都花在设定即日交易上。他们的注意力都集中在剧烈的价格波动上，而价格波动正是股票的一个特点。

即日交易者最关心的是那些波动对成交量和价格运动的影响。他们不会花时间预测股票的未来，或者对公司进行分析。那将是在观看森林，而不是树木。即日交易者需要整天盯着树木永不停歇的细微摆动。

由于即日交易者不打算持有隔夜头寸，所以有关股票和公司收益的任何新闻，基本上都不会影响他们的即日交易。虽然公司信息和其他基本面信息，对交易者来说，都具有某种程度上的重要性，但不是至关重要的。记住一点，即日交易者不是投资者，他们不会把自己的幸福生活押在一家公司上。他们根据盘中股票价格的变化进行交易。

此时你可能认为我在强调即日交易者不必关心他们正在交易的股票的公司。你说对了一半。第14章"股票选择：简化工作过程"，和第15章"为什么新闻可能只是噪声"，进一步阐明了我的观点。

看到此处，你可能会问：即日交易者对市场的贡献是什么呢？

首先，即日交易者对股票的价格运动，即市场流动性（market liquidity）起着至关重要的作用。股票的流动性越高，越容易交易。高流动性的股票，意味着有很多买家和卖家对它感兴趣。如果没有即日交易者，那么投资者在买进全部头寸的过程中，只有不断推高价格才能买进大量的股票。反之，也是同样重要的，当投资者开始抛出手中的股票时，即日交易的流动性有助于防止股价突然下跌。

现在，你对于什么样的人是即日交易者，什么样的人不是即日交易者，以及即日交易者做什么、不做什么，已经有了比较清楚的认识。接下来，首先要做的应该是弄清你的交易水平。如果你同我讨论这个话题，那么我有几个问题问你。按照重要性的高低进行排序，这些问题如下：

- 你的交易频率多高，获利性怎样？
- 你用多少资金交易？使用多高的杠杆？
- 你从事交易多长时间了？
- 你使用什么（金融工具）交易？
- 你用别人的资金交易，还是只用自己的资金交易？
- 你是一位具有从业资格的交易者，还是自己独立地进行交易？
- 你接受的培训如何？

下面，我们对上述问题进行详细讨论。

你的交易频率多高，获利性怎样？

你的交易水平决定于每天交易的次数，以及获利的稳定性，这是最重要的一个因素。如果你能每天做一笔很棒的交易，那么好极了。但是，如果你每天能够做100笔同样业绩的交易，就更理想了。交易频率准确地标定了你的交易水平。屡战屡胜，是交易专家的最好证明。

你用多少资金交易？使用多高的杠杆？

资金比较充裕的交易新手，可能拿100万美元进行交易。使用50：1的杠杆，他可以最大化地利用他的保证金。那么，这意味着他比那些只有500美元启动资金的交易者，具有更高的交易水平吗？很明显，答案是"不"。

当然，为了购买10倍数量的股票，你通常需要10倍的交易资金。如果你有这样多的资金，那么棒极了。但是，那并不能保证你会获得更多利润，那支意味着你会赚得更多，或者赔得更多。

不要因为拥有更多资金就增加交易规模。你的交易规模应该随着交易水平的增长而增加。我建议你从100股到200股，缓慢增加交易规模。交易规模的增加应该与你专业水平的增长协调一致。一旦发现增加交易规模导致利润下降，就应该把交易规模降低至较小的水平。无论你拥有多少交易资金，都不要因为你的水平很低而造成大额的亏损。

我通常使用100股作为一个起点。为什么呢？如果你每天坚持做100笔交易，每笔交易的规模都是100股，而且可以稳定地获利，那么偶尔购买100股时，你已经具有了高水平的交易技能。

下面是另一个原因。选择一支价格适中的股票，比如说一支价格为50美元的股票。购买100股，你需要5000美元，如果你有100万美元，那么就可以购买2万股这支股票，如果购买4支价格相仿的股票，那么每支可以购买5000股，以此类推。你能看出我用这个例子说明什么了吗？如果你的交易水平不足的话，你拥有的资金越多，就越容易陷入麻烦之中。

这是我亲身经历过的一种令人不快的局面。

对于我来说，业余即日交易者的一部分工作，就是要学会合理使用杠杆。在与第一位传统的PPT经纪人合作时，我所用的杠杆通常是4∶1。这增加了我的购买能力，于是我感觉好像一下子变得比原来富有多了。我立即开始购买数量较多的股票，有时一次就买入1万股。接下来便是噩梦般的亏损。

这本书可以说是我的一部忏悔录，在各个章节中，我从多个角度重复向你展示我的那些噩梦，从而帮助你看到我错在了何处。在本章中，我想讲清楚的是我的交易水平未能跟上资金增长的速度。

我逐渐发觉，对于一位水平很高的交易者来说，无论他的资金有多少，他都可以获利。即便在操作100万美元，他也会作出精明的决定，每支股票只购买100股。通过交易多支股票，他可以充分利用他的交易技巧，而且同时降低了交易风险。

那位高手可能在一眨眼的工夫便购买了20支股票，每支股票100股。或许你在想，如果他真的那么做，那么他可能把资金摊得太薄了。

同时操作20支股票，听起来可能有些吓人，事实也的确如此。但那样仍比把所有资金都投到一支股票和一笔交易中要好得多。你当然不希望一开始便紧张地观察多支股票，但是在经过一些实践之后，明智的选择仍旧是：分散你的即日投资。直白地说，把你要交易的股票列表做长一点，多观察一些股票，你可以使风险降低约80%。

虽然拥有更多资金，本身根本不会提高你的交易水平，但是却可以使你渐渐精于此道，因为你有资金用于实践。但是，如果你只拥有平均水平的资金，也不要担心。无论你是否"金满床，银满箱"，关键要记住一点：学会如何管理你的风险。你的交易水平越高，你的风险管理就越好。

风险管理就是知道何时使用你的资金，使用多少资金。第6章"风险管理的重要性"，阐述了即日交易风险的管理。

你从事交易多长时间了？

这个问题的答案是很难评判的。我曾经听说过这样的交易者：他们参加过一个培训班，读了几本相关书籍，练习了几个月之后，便开始持续稳定地获利。在不到一年的时间里，他们突然成了职业即日交易者们的典范。

当然，包括我在内的一些交易者，必须奋斗数年的时间才能够在这一行当找到自己的位置。私人交易者需要多长时间才能掌握即日交易的技巧呢？不是说彻底无法估计，但的确很困难。

当然，你从事交易的时间越长，你获得的技巧就越多。无论即日交易者们获利的速度有多快，或者有多慢，有一点我可以断言：提高交易水平的关键，就是要在交易中保持积极活跃。时间已经证明了我的结论。

"你从事即日交易多长时间了？"这个问题，不只是问你所花的时间；其中蕴含的问题——你需要知道的重点——你用那些时间做了些什么？你很明智地使用那些时间了吗？

下列建议可以帮助你快速提高交易水平。

- 积极活跃。每一分钟都要坚持这样做。
- 预算、借贷，并做好计划，目的是能够抽出时间，集中精力做即日交易。
- 找个顾问，开始一个顾问指导计划。
- 获得纽约证券交易所第7套（证券）证书，去美林之类的投资公司谋求一个拿薪水的职位（本条可选）。
- 在你的空闲时间，获取尽可能多的市场信息，特别是即日交易技巧和策略。

你使用什么金融工具交易？

你是交易股票、商品期货、政府债券、期权合约、期货合约、低价股票，还是其他金融工具？

专业的即日交易者，理论上可以交易任何交易媒介（medium of exchange）。然而，大部分初学者只交易证券（此处专指股票）。在我看来，从交易股票开始是最安全的了。股票交易所具有最高的透明度，最全的交易数据。这就是说，对于初学者，股票是开始学习的最简单的金融工具。

但这并不是说，如果你不交易期权或期货合约，那么你就永远达不到专家水平。归根结底，选择什么样的金融工具，取决于你自己的感觉和你的兴趣爱好。

关键是找到自己称心的金融工具，然后坚持用它交易。举例说明，如果你选择只交易股票，那么随着时间的推移，你将成为一位股票交易的大师。大多数情况下，你会发现自己只交易一种类型的股票，比如技术股或者能源股。对于你的交易类型，如果做更多的细微调整——比如"抢帽子交易"或者其他任何类型的尝试，那么对于那种金融工具，你将获得更多技巧。

你是用别人的资金，还是自己的资金交易？

为了利用客户的资金交易，你不得不成为一名具有从业资格的经纪人。而且在你非常富有经验之前，当然没有人会信任你。但是，同样要记住一点：没有获得从业资格，并不意味着独立的交易者不能成为一名交易专家。

你是一位具有从业资格的交易者，还是自己独立交易？

如果你在家交易，你最有可能是在独立地工作。如果你选择在专业的交易桌前交易，那么你有两种选择：你可以在保持独立的情况下，在经纪公司的交易大厅内交易，按PPS方式支付佣金；或者你考取一份证书（第7套），然后在像高盛一样的大型投资公司申请一份工作。

根据我的经验，永远不要根据交易者的工作场所，或者他们是否拥有证券交易资格证书，来判断他们的交易水平。据我所知，有些获得证书的即日交易者，也未能持续稳定地获利。而有些在家交易、未获得证书的交易者，却已经拥有了多年的优秀交易记录。

对于即日交易来说，一份证书并不能保证你是一位专家。如果你准备同我以前一样，考取第7套资格证书，那么你首先注意到的就是教材那惊人的厚度。那些教材基本上把与公司有关的所有资料，以及需要死记硬背的、有关股市功能的所有信息都包含在内。你需要学习联邦证券与交易委员会（SEC）的所有法规，以及公司披露其收益报告的整个过程。基本上，你要对整个股市的运作体系有个全面的认识。

大多数大型投资公司都要求你拥有这种证书，通常作为申请程序的一部分。在他们向你展示即日交易之前，实际上你不必学习如何做即日交易。因此，这种证书毫无意义，它充其量是一块敲门砖。拥有一份证书，只是证明你已经通过某种检查，就像检查有无犯罪记录一样。

但是你仍然不得不学习如何做即日交易。

你接受的培训如何？

培训意味着一切。如果你只参加过一次研讨会，或者读过一两本交易书，那么你就像是一支被领到了屠宰场的羔羊。阅读培训教材或者参加资格考试，都不可能让你学会即日交易。到目前为止，最有效的培训方式是顾问指导计划，有时被称为家教式培训（in-house training）。大部分顾问指导计划都是由一位专业交易者对你进行一对一的交易培训。

请继续关注与顾问指导计划相关的内容。

此时此刻，我希望你已经对即日交易或投资有了一个比较清晰的认识。同时，我还希望已经帮你确定了自己的交易水平所处的位置。

这样，你就更清楚自己即将从事什么样的工作了。

需要牢记的规则

- 提高你的交易水平是一个循序渐进的过程，没有专业顾问或家教式培训的帮助，千万不可操之过急。
- 拥有一份第7套证券从业资格证书，并不意味着你是一位专业的即日交易者，你仍然需要培训。
- 做即日交易时，一直要保持积极活跃，这是提高交易水平的关键所在。

第2章

情绪是如何破坏交易的

在做即日交易时，立即突显出一个问题：你的情绪可能是最棘手的敌人。它们常常令你的努力事与愿违。作为一名业余交易者，你马上会察觉到，是情绪毁掉了你的交易策略。

控制或者消除情绪的影响，应该是即日交易的"圣杯"（Holy Grail）。如果你在交易时高度紧张，就像一门没有固定好的加农炮，那么你不是在做即日交易，你是在赌博。你没有掌握好自己的交易。

你知道在什么时间你的情绪正在毁掉一笔交易吗？当一笔交易向对你不利的方向发展时，你抱着不放，然后又抱着它更长时间，最后你因那支股票而变得疯狂。

如果你像我刚开始从事即日交易时一样，遇到这种情形，你可能会恶狠狠地低声抱怨："你最好给我涨回去，否则我就把显示器扔到窗外去！"

在不同时期，所有即日交易者都有过那种感觉，从而导致巨大的交易错误。虽然我们中间很少有人会真的把显示器扔出去，但在那种心理状态下，是特别容易违反交易规则的。同时，我们还很容易创造毫无意义的"新规则"。

犯错是人之常情。

我们知道，我们都知道。

情绪就像潜藏在你大脑深处的许多不安分的小分子。当事情未按原计划进行时，它们便会被激发起来。于是在面对不确定性时，你往往作出许多古怪的反应。然而，不确定性在即日交易中却是肯定存在的，那么，你应该如何应对呢？

自打我从事即日交易以来，便一直与上述颇具讽刺意味的现实作斗争。我曾经尝试摆脱情绪的影响，但它们是我的一部分，在我的体内获得了永久居住权：就像我的手与脚一样。而且，当一笔交易陷入困境时，当我需要依靠我的智力而非不断增长的焦虑时，它们却制造出最强烈的噪声。

我已经明白，必须积极主动地应对这种问题。这种问题对我们的威胁，就像飓风对高楼大厦的威胁一样。我们不得不构建坚固的防御工事，以应对我们自身的这种原始反应。交易，同其他值得付出努力的工作一样，都会受到焦虑与占有欲的影响。但焦虑与占有欲都是我们的天性，一样无法摆脱，关键在于降低它们的危害。我们必须学习控制它们、管理它们，就像一位娴熟的驯兽员，可以有效地控制他的野兽。

我已经发现了我们思想中最可怕的野兽。你可能已经猜到，它们就是恐惧与贪婪。当我愤怒、沮丧、绝望或者受到惊吓时，它们便成了我大脑中的统治者。

恐惧因素

让我们先讨论一下恐惧因素。恐惧使我们的神经变得紧张。这是一种生理上的、至关重要的条件反射，它使我们的生命得以存在，并且使我们的身体变得强壮。当我们躲避狮子的袭击，或者在战斗中拼命时，恐惧帮了我们的大忙。但是在即日交易中，当恐惧压倒客观冷静的分析时，这种生存的本能却成了我们失败的主要原因。

业余交易者，显然是恐惧的最大受害者。经验的缺乏滋生了过度的自信，在后面我们还会看到，这种过度的自信又使得他们鲁莽行事，导致了巨额的亏损。他一开始是慌里慌张，不知所措，现在则完全陷入沮丧与恐惧之中。他必须学会在失败的逆境中站起来，并且建立真正的自信。

真正的自信，源于对"审慎"这种古老而又沉闷的美德的学习。审慎是一种极度低调的思想状态。它可以帮助交易者找到大大降低亏损、成功驯服恐惧的方法。一会儿我再与你讨论这种美德。

我刚开始学习做即日交易时，恐惧因素便时时干扰我。它的干

31

扰使我无法作出快速、明智的决定。这种干扰主要表现为两种。

第一种，也是最常发生的一种，就是恐惧恰好在我进入交易之前，占据了主导地位。我已经观察了图表，作出了完美的计划，但在交易时刻到来时，我停滞不前了。我的思想突然被搅乱。我对自己的交易系统充满了疑问。我突然在想："这笔交易太冒险了。"这种呆滞状态可能只持续10秒，但在即日交易中，10秒是一段很长的时间。

我逐渐认识到，减轻恐惧影响的办法是找到一个"舒适区域"（comfort zone）（译者注：指一种环境或情形，人们在其中会感觉安全、舒适，并且可以自我控制）。寻找、理解、坚守舒适区域，通常是一种强迫性的自助过程。

这里有一条需要记住的简单规则：当你感到恐惧时，降低你的风险。不要做过多的考虑，只要降低便好。马上降低风险，显然这是一种摆脱困境的办法，但是在恐惧的重压下，你可能会迟疑不决。所以练习着"自动"地降低风险，如果你即将买入1000股时，恐惧因素插了进来，那么立即把交易规模降低到自己感觉舒适的水平，比如500股或100股。如果你已经把立即降低风险形成一种习惯，那么我几乎可以保证，你的恐惧将会随之消失。

当你进入交易之后，恐惧的第二种干扰便产生了。你的恐惧可能使你在几乎没有获得任何利润的情况下非常痛苦地卖出。

假设你刚刚进入一笔交易，在49.75美元买入100股，预期在50美元（利润目标）或者49.65美元（止损）卖出。你预计赚取25美元（25美分×100股），或者亏损10美元（10美分×100股）。

偶尔，股价会快速上涨到你的出场价位，让你毫无痛苦地在既定目标处迅速出场。一切都非常顺利！但是，大多数情况下，股价在1分钟图上上下波动、反复无常。它可能会上升到49.90美元，却在到达你的出场点50美元之前缩了回来，然后一路下跌至49.75美元的入场点。实际上，股价还会向更低处运动。图2.1向你展示了这种情形。

在股价向50美元上涨的短短5分钟里，如图所示的波动性便可使你激动异常。股价很少会随着时间的发展出现线性的上涨或下跌。

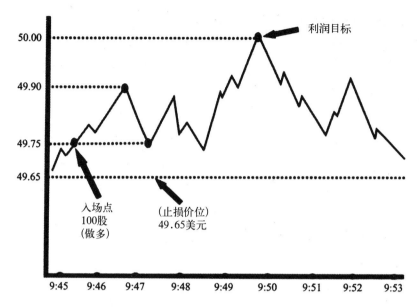

图2.1 盘中1分钟图

困难之处在于，需要在一分钟的时间内，作出几次正确的操作。业余交易者无法承受精神上的压力，往往在股价未到达预定出场点时卖出。他们或者在股价未降至止损位时便认赔卖出，或者在价格还上涨但未到达利润目标时卖出。

恐惧因素迫使他们立即卖出，而未能等待股价上涨到50美元的预定出场点，特别是当价格未能直线上涨时。

举个我自己的例子说明。我还是一名初学者时，我会在49.80美元卖出，因为那种悬而不决的状态令我感到极度不安。我每股只赚了5美分。或者，当股价下探，略低于49.75美元时，我便认赔卖出，过早地摆脱那笔交易。在这两种情况下，我都是在胡乱交易，因为恐惧因素已经使我的神经变得僵硬。每次交易1000股时，我已经冒了过高的风险，我害怕继续进行交易。

于是，就像交易之前不敢入场的时刻一样，恐惧又导致我损失了较多的利润。我被情绪完全地掌控了。

那些分钟走势图中的价格波动，会令你眼睛发酸，精神紧张，使你渴望快速逃脱。它们可能使你重新考虑去过工资奴隶的生活——令人厌倦的工作，月头花不到月尾的薪水，但至少你不必再抓耳挠腮地大上肝火。

终于，我发现了一些内在的解决办法。除了前面提到过的审慎以外，我发现我的妈妈对于耐心的认识是多么正确。这两种美德加上大大降低的风险，现在，你已经知道了解决办法。

后面我将再次讲述那些美德。

你所冒的风险越小，恐惧因素的影响也越小，每个人都能体会到这一点。但是初学者可能不会很快有这样的体会，所以他们需要培养一种瞬间降低风险的条件反射。那样，当他们面对分钟图中的剧烈波动时，便不会再呆滞不动想着该做什么，而是会采取果断的行动。

贪婪因素

现在，我们再来讲讲贪婪。贪婪，就像恐惧一样，是人类的一种天性，它不能被摆脱，只能被驯服。

在即日交易中，我们的确需要一点贪婪。贪婪是我们前进的动力。对金钱的无尽渴望，是承担更高风险的动机和原因，也正是这种渴望，使我们与那些辛勤工作的工资奴隶们区分开来。

但是贪婪会滋生过度的自信。贪婪会令一位即日交易者轻率鲁莽、不计后果。与恐惧因素完全不同，贪婪会令交易新手毫不犹豫地进行大量的交易。不加克制的贪婪，可能令他一反常态，进行许多正常情况下不会做的高风险交易，使他陷入无尽的麻烦。

到目前为止，贪婪是最危险的情绪因素。恐惧虽然有害，但不会令你损失很大，然而贪婪则可能使你倾家荡产。贪婪会导致极端的行为，最终使你陷入进退两难的境地。贪婪可能将你置于无数次的交易困境之中。

贪婪因素会导致两种毁灭性的行为。

你做了一笔不错的交易，并且在出场时获得了精心计划的利润。但是，如果利润很少，那么第一种毁灭性行为便发生了。在此，"不错"和"精心计划"都是很重要的，它们表明你是审慎的、耐心的。

但是现在你注意到股价仍在快速上涨，所以你决定重新入场，进一步追涨。

此时，你的贪婪闯了进来。股价已经比上述"不错"交易的入场价位高很多，但是在贪婪的驱使下，你不顾一切地重新入场。借着初学者们那种愚蠢的勇气，你希望股价继续上涨。

不幸的是，事实未能如你所愿。股价开始下跌，你陷入了亏损。此时你才认识到是情绪导致你进入这样的困境，追悔莫及。

贪婪的危害还不止这些，我们来看一下第二种毁灭性的行为。随着交易向不利的方向发展，你继续持有。你持有的是希望（难道不是一种精神上的希望吗？），希望股价会返回上涨的走势。

现在，你听任市场的摆布，所有完善的计划都无济于事，我只能对你说："祝你好运！"你是否想起了人们常说的雪球，沿着斜坡向下滚时会越来越大。那就是贪婪因素正在释放它可怕的魔法，左右你的思想。

有一天，我在交易线上零售商亚马逊（Amazon.com），股票代码为AMZN，我坚持一天都在交易它。我交易得非常漂亮，只有在知道出场点的情况下，我才入场，并且一次只买入100股。那是一个交易的好日子，波动性非常小。股价保持不断上涨的势头。差不多我入场的每笔交易都很快达到我的目标价位。多么容易的交易！

下午3点，收盘前的最后一小时，扣除佣金后我当天已经赚了650美元。一整天，我都在不断地交易，不断地入场出场，所得利润从15美元、25美元到40美元不等。有几笔交易，我是止损出场的，亏损在20美元到40美元之间，但那都是正常的、计划内的损失。

在这交易的最后一个小时里，我正在观察图表。看哪！我注意到成交量出现了一个大的尖峰，然后股价暴涨了1美元——就在不到5分钟的时间里。当天还未出现过那样大的成交量，股价也未出现过那样快的上涨。没有关于AMZN的任何特别的新闻，而且股指也相对平稳。

我不能错过这样的良机，我要赚更多的钱，我要在那一天圆满地赚足1000美元，我要再赚几百美元。我要……我要……我要……那就是贪婪。然后，嫉妒的烈焰又慢慢燃烧起来。我感觉每个人都在大赚，只有我没有。我赚的钱太少了，现在股价正在强势上涨，我也要在这块令人垂涎的馅饼上咬一口。

我开始激动起来，确信那支股票会继续保持良好的上升势头。我听任贪婪演变为鲁莽，虽然鲁莽有时会对我们有所帮助，但更多情况下是有害的。我放弃了一贯坚持的审慎，买入了1000股。

就在刚买入后不久，股价下跌了20美分。

没有问题，我已经习惯了20美分的价格运动。一天当中，价格都在那样波动。如果买入100股，20美分的价格运动会使我盈利或亏损20美元。但是这一次，你知道，我一次买入了1000股，所以这次我损失了200美元。

我失去了控制。我能感觉到贪婪已经完全把我控制了，我开始不在乎了，那就像赌博的冲动。我又买了1000股，以期摊平持股成本。然后，又买了1000股……当我意识到情况已经非常糟糕时，我已经买入了5000股。

随着我的不断买入，对于我买入的5000股，每股平均下跌了35美分。在不到20分钟的时间里，我已经损失了1750美元（35美分×5000股）。

我的贪婪顿时崩溃为恐慌。我知道，如果股价继续下跌，我将损失更多钱。于是我投降了，把5000股全部卖出，亏损1750美元。

在图2.2中，您可以体会到那可怕的一幕。

在下午3点之前，我都是坚持每次交易100股。我第一次买入1000股时，股价恰好位于当天晚些时候出现的尖峰顶部。如果我买入的仍然是100股，那么绝不会招来那么大的麻烦。

从好的方面来看，在收盘的钟声响起之前，股价是一路下跌的。如果我持有更长时间，那么可能会再损失5000美元。因为在我出场后，股价又整整下跌了1美元。

但是，如果股价回升，情况又会如何呢？我的认赔出场是不是错误的决定呢？这些问题在我的脑子里来回搅动，使得我彻夜难眠。无所谓，我第一次购买那1000股纯属不幸。我发誓，以后再也不那样做了，但是以后却又那样做了……

正如我在这本忏悔录的一开始便提到的，恐惧和贪婪是无法避

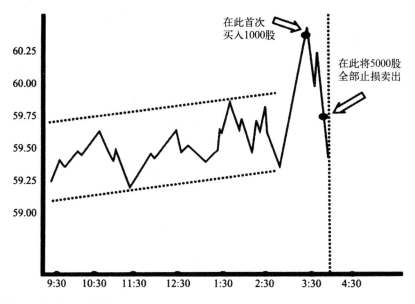

图2.2　盘中30分钟图

免的。它们是我们内心的固有元素，它们是我们的一部分，只能被驯服，不能被毁灭。交易1000股，是贪婪未被驯服的表现。每次交易100股，是一个很小的增量，即便亏损，也很容易管理。每当开始一笔新交易，100股的规模便可点燃你的希望，满足你赚更多钱的要求——当然这也是一种贪婪，却是被驯服的。

贪婪是一只野兽，它是必需的，但同时也是致命的，它在你的体内幸灾乐祸地瞅着你。贪婪应该被锁进牢笼里，只有系上审慎的皮带，拿着高压电枪时，才能把它放出来。换句话说，当你有节制时——坚持遵守严格的风险管理规则，比如每次只交易100股——你的贪婪仍然存在，却并未失去控制。

理解恐惧和贪婪的力量，理解它们的危险和优点。知道自我约束是关键所在。在即日交易中，你必须牢牢控制住自己的原始情绪，同时也要很好地利用它们。把它们锁起来，进行仔细检查，并且进行必要的训练。我所说的是"你在与自己对抗"，一种典型的人类境况（human condition）。在即日交易中赚钱，就是要战胜这种人类境况。

需要牢记的规则

- 如果你感觉自己被情绪控制了——立即降低你暴露于市场中的风险。

- 一天内的交易规模要保持一致——坚持每次交易100股。

- 设定现实的利润目标，同时作出现实的预算。

第3章

防止过度自信

回想起刚从培训班回来时的过度自信，我后悔不已。当时使用的是培训班教授的"完美"系统，我认为它棒极了。我信心百倍地认为，刚开始的亏损不会对我造成多大影响。

但我很快便清醒过来。我的亏损连续不断，我强烈地想要知道，我为什么亏损了那么多。我开始明白的第一件事便是我对自己太相信了。

自信与交易者的关系，就像忙碌的厨师与防护手套的关系一样。聪明的厨师，无论多么匆忙，总要在把锅从火炉上端下来之前，抽时间戴上他的防护手套。

所以不是防护手套保护了他，而是厨师自己保护了自己。他靠的是知道何时戴上防护手套，并且很自觉地去做。相应地，即日交易者必须完全明白，是他的判断而非他学会使用的任何系统，对交易的影响最大。

自信是一种工具。但是如果交易者让他的自信不加控制地膨胀，他将变得激动（zealous）、固执（stubborn），然后就像粗心大意、没有经验的厨师那样，认为不戴防护手套也可以把锅端下来。这都是过度自信在做怪。

我注意到，没有哪种图表形态或股票分析方法，会给你一个自信的因素。没有哪套系统会告诉你以百分百的确定性买入或卖出——很简单，因为没有这样的确定性！

但是，作为交易者，我们需要自信——非常自信——尽管面对大量的不确定性。如果没有自信这种精神品质，也就不会有交易职业存在了。然而，过度自信却可以将我们毁灭。我们必须要利用自信这种工具，但要时刻保持明智而且审慎。否则，它会成为我们成功路上的障碍，会把良好的判断统统扔到垃圾筒里去。为了真正理解这一点，你只要想一下那位匆忙的厨师不戴防护手套从火炉上端锅的情形便可以了。你知道他的手将受到怎样的伤害，他还能继续工作吗？

对于即日交易者来说，过度自信是非常不利的。掌握自信这种工具，使它不至于成为我们的障碍，是一个终生学习、不断提高的过程。我仍然在成长之中，此时已经学会了一些技巧。

然而，在我刚开始做即日交易的数周里，我的自信水平是相当过分的：它根本称不上一种强大的工具。不久，我开始明白，是过度自信让我误入歧途，犯了两个传统的交易错误。

那两个错误是：忽视预定的止损位和持有太长时间。

忽视预定的止损位

我进入一笔交易，它立即向对我不利的方向发展，我继续持有。股价早已跌破了我的止损位，我没有在乎。

继续持有是固执（stubbornness）的一种表现。固执是一种危险的主观愿望型的思维方式。现在，我任由我的自信变成了一种失去理性的东西，而不再是一种工具。此刻，我胆大如斗，好像不是在交易，而是在蹦极。我在半空中上下弹动，已经是"粉身碎骨浑不怕"了。

接下来，我把事情搞得更糟，我买入更多，希望摊平（average down）持股成本。

此时，我已经在无意中闯入了过度自信交易的雷区。当首次进入的交易向不利方向发展时，在较低的价位买入更多？我在想什么呢？现在，我的情绪控制了我。我进入一笔交易，股价开始下跌，我既恼怒又担心，同时在责备自己：为什么没有等价格下跌后再做首次买入呢？

实际上，我已经完全背离了自己的交易计划和交易规则，我现在就是在赌博。我固执地相信价格会回升，就像赌场中愚蠢的赌徒一样。

持有太长时间

我开始了一笔交易，股价不断上涨，但在我看来，还涨得不够。于是我的自信告诉我，再持有更长时间吧。然后（当然如此！）股价回落到盈亏平衡点，于是我在这笔良好交易上一无所获。这笔交易甚至会继续恶化，造成亏损。

没有什么比这种情况更令我难堪的了。我感觉自己就像一个白痴，竟然没有在获得利润时卖出，我要是有一套明确的出场计划就好了。

现在我明白了，设法控制我的自信是首当其冲的任务。在我的内心深处，抓住它，扔到案板上，用皮带捆起来，然后把它训练成一个为我所用的工具。

经过一天的自省（self-search），我明白该做什么了。我的自信，如果恰好源自审慎，那么便能够帮助我选择现实的入场和出场价位。造成疏忽大意的过度自信，恰好不是源自审慎。

我需要一套具有可靠止损和利润目标的系统，完全相信它，并且永不放弃，那么我距离圣地"麦加"（Mecca）便不远了。

对于这些心灵的顿悟（insights），我从未后悔过。

关键是坚持你的计划。如果你的图表分析暗示你应该在价格到达50美元时止损，那么你就在50美元处止损，认赔出场，然后继续寻找交易机会。如果你持有股票超过你的出场点，那么你将感觉更糟糕。无论何时，你把自己置于那种境地，你都将听任市场摆布。

经过正确地组织安排，你的自信将为你服务，就像一把可信赖的扳手。如果在进入一笔交易时，能够相当明确地知道两个出场价位——止损位和利润目标——那么我就是在正确地利用我的自信。在我的交易心理系统中，我正在把那种品质变为一个有用的部分。

是的，我发现在预定价位处，自信这一工具会对我有利。举例说明，如果我在一笔交易上亏损了，那么至少我可以确信我的出场是正确的。价格可能继续下跌，对我造成更大的伤害，但我现在是在场外观望，我是安全的。而且在经过进一步分析之后，我可以在更低的价位重新入场。

如果价格运动显示出一个明确的形态，而且我当前的交易系统显示出一个入场价格，那么我的自信水平就变得比较高，但不是鲁莽。我可能不会完全确信，但我能够相对近似地知道，我将赚多少或者赔多少，因为我的止损位和利润目标已经确定。

一句话，过度自信就是你的自信工具损坏了，并且出现了故障。它迫使你去捕捉顶部或底部。审慎是非常必要的，并且要好好分析你的股票。你必须对你交易的股票非常熟悉，就像对你喜欢的歌曲的歌词一样。

对于你的股票的节奏，你必须了如指掌。如果你在不了解的情况下进行交易，这也是一种过度自信的表现。

分析股价的平均每日波幅和每分钟波幅，记录股价运动的速度，以及在趋势中股价回调的方式和时间。你应该先在心里交易你的股票，只有当你确信能够与它共舞时，你才应该开始仔细地计划入场和出场点。

自信地交易，就是熟悉你的股票，并且审慎地坚持你的计划。过度自信地交易，就是不了解你的股票，并且在交易过程中随意更改出场点。对于没有经验的交易者来说，那是一种危险的策略。只有经验丰富的交易者，才能够在交易中根据情况修改出场点，当然，有时也会出现令他后悔的结果。

如果你认为自己能够像一位专家一样交易，那么你极有可能是处于过度自信的状态，而且极有可能输得精光。坚持你的交易计划，每时每刻！要有合理的自信，但万万不可鲁莽！如果你是一位天生的冒险者或者冒失鬼，那么需要通过意志力来实现对自信的控制。

需要牢记的规则

- 自信是一种情绪工具，你必须驯服它、控制它。
- 在不知道出场点时，永远不要进入一笔交易。
- 一旦确定了出场点，就总要坚持在既定价位出场。

第4章

从焦躁不安到沉着冷静、泰然自若

你的即日交易业绩源自你的耐心，缺乏耐心，便会缺乏优秀的业绩。无论你对交易技术的应用有多么精通，如果缺乏耐心，你总会陷入很大的麻烦之中。

焦躁不安是一种潜在的威胁，而且会一直形成威胁。作为一名交易新手，无论你多么努力地保持冷静，有时你总会感到焦躁不安。你必须去追赶你的冲动，抓住它，把它完全打晕，然后把它同贪婪紧紧锁在一起。

不管你已经交易了十几年，还是只交易了几天，你的自我约束能力都非常关键。我在琢磨，把耐心作为一种情绪工具时，实际上可以一分为二地分析：业余水平的耐心工具和专业水平的耐心工具。

初学者对于耐心的需要很简单，但是具有挑战性。对于他或她来说，耐心就是忍耐力。他（她）很像一名坚定的节食者，坚持使用强制性的食谱。

对于即日交易新手，焦躁就像是节食者在走捷径。他们可能去做腹壁整形（tummy tucks）或者把胃口搞坏。他们是在努力做些什么，或者学习些什么，以帮助他们减轻体重吗？

对于那些做腹壁整形的减肥者来说，如果他们没有学会节食，仍然暴饮暴食，那么通过手术做掉的脂肪就又开始长了出来，小腹又突出、下垂了。

在努力战胜肥胖的过程中，最关键的问题是了解自身的因素。首先，是什么导致暴饮暴食呢？如何克服暴饮暴食呢？这需要减肥者做大量的自省，而自省是需要耐心的。对于胖人在内的任何一个人来说，恪守承诺去进行自我分析、自我革新都不容易。实际上，没有捷径可走，只有长时间的坚持才会有效。

在即日交易中，如果你希望获得持续稳定的利润，那么你就需要彻底地、不断地自省，那同样会令节食者减轻体重。你不得不培养那样的耐心。

如同我在第3章已经证实的，首先你必须培养一种审慎的交易风格，以及一贯遵守的交易纪律。耐心便是一种强力胶水，把它们牢牢地粘在一起。强化耐心这种美德，并非一日之功，你不会在参加一个培训班后便学会了这种美德。培养耐心是一个过程，对于初学者来说，必须在做即日交易的同时，坚持不懈地努力，循序逐渐地把它掌握。

这就像婴儿学习走路一样。谁愿意走得那么慢呢？如果这些话有所冒犯，那么我表示道歉，但事实就是这样。保持冷静。做一下深呼吸。慢慢数到十，耐心。

大多数交易者都能够在那里坐上数小时，等待价格击中自己的目标。有时他们甚至会等待数天。那不是耐心，那是强迫症（obsession），他们把耐心这种美德与持有这种严重错误混淆了。那当然不是即日交易。反过来讲，焦躁则要求尽快出现结果。

耐心，对于年轻人或者是没有经验的交易者来说，就是学会控制自己的厌烦情绪（annoyance）。对于艰苦的即日交易工作来说，就是要求具有很高的忍耐力。为了获得那种忍耐力，需要交易者全身心地投入到积极的即日交易中。

为了培养自己的耐心，找到合适的定位很关键。在你找到最有效的交易策略之前，你可能已经至少更换了20种策略。有些人发现每天交易几支股票，会获得相对平静的心态。而其他人则感觉每天只交易一支股票是最好的。对于初学者来说，关键是找到一种方法，当你陷入一笔交易的漩涡中时，可以加强你的忍耐力（tolerance）。

然而，在找到自己感觉最舒适的交易风格后，你仍然不得不与自己进行斗争。对于我所做的每一笔交易，都需要我全身心地投入。每当我享受一笔好交易时，那总是我使自己耐心等待价格击中入场和出场点的结果。很多糟糕的交易则是出于相反的原因：我要么是未能等待计划好的入场点，要么是出场太早或太迟。

我可能拥有一套超级图表阅读系统，以及大量被证明有效的技术。它们都能够增加捕捉盘中价格底部和顶部的成功率。但是最重要的，正如我在前面已经说过的，是我对所用系统的信心。一旦我决定了入场和出场价位，关键问题便是坚持按计划操作，此时耐心这种美德便起作用了。我知道此处写得有些啰唆了，但是坚持计划真的很难做到，所以我不介意再重复一遍。

股价到达目标价位，可能要花几分钟的时间。这些等待的时间，对于交易的成功是非常关键的。如果厌烦情绪（boredom）使我对既定价位举棋不定，那么我便退步了，我犯了初学者的错误。就像恐惧和贪婪因素的影响一样，现在我正在焦虑情绪的控制下交易。据说耐心的本质就是清晰地思考，不受任何情绪的妨碍。除了反社会的精神病患者之外，谁能做到那样呢？

但即日交易者不得不学会耐心。

等待是最困难的部分

汤姆·佩蒂与伤心人合唱团（the Heartbreakers），有一首经典的摇滚歌曲叫"等待是最困难的部分"（The Waiting Is the Hardest Part）。噢，是的，那首曲子的和弦、节拍以及佩蒂的哀泣，都类似于你的指关节紧张时发出的声音，都是你因彻底的焦虑不安而屏住呼吸的声音，你的胸口感到一阵阵被挤压的紧张感。在听这首歌曲时，你知道有人理解了这种厌烦的情绪，并把它编入一首歌中。

等待价格运动到你的既定价位，可能是一种难以言表的、令人厌烦的事情。如果市场在做横盘调整，那么这种情况就更糟糕。但是有一些解决办法，举例说明，如果你等待股价到达入场或出场点已经超过10分钟，那么很有可能你在那一天是选择了一支错误的股票。第14章"股票选择：简化工作过程"，针对这种问题，提出了一些建议。

在此，我想重申一下第一条规则：一次只交易100股。当你对这种单调的方法感到厌烦时，要时刻牢记：一次交易100股，并不意味着你不是像一位专家一样交易。

厌烦常常会促使交易新手进行风险较高的交易。厌烦使你追逐不现实的利润，而实际利润应该小得多。你的唯一目标应该是积极、专注地使你的利润保持持续稳定。

当你每次只交易100股时，虽然不可能每次赚50美元，但是你将保持一种一致性，并且获得交易技巧。对于价格在45美元到85美元之间的大多数股票来说，在5分钟内一般会出现波幅为25美分的波动。在这些盘中价格波动中，抓住25美分到50美分的利润是很容易的。对于不同的股票，那些幅度的价格运动通常在50秒到10分钟内完成。

比如说你有一支50美元的股票，它的平均每日成交量是500万股。它还有一条比较可靠的运动轨迹，在5分钟内运动25美分，而且一整天都是在这样运动，那它就是一支用于交易的好股票。当交易500股时，在整个交易日内，每隔5分钟，便可能赚取25美元的利润（如图4.1所示）。

在上午9:45，股价是58.75美元，在10:25，股价又回落至58.75美元。表现上看，该股票是在横盘运动，但是对盘中波动进一步观

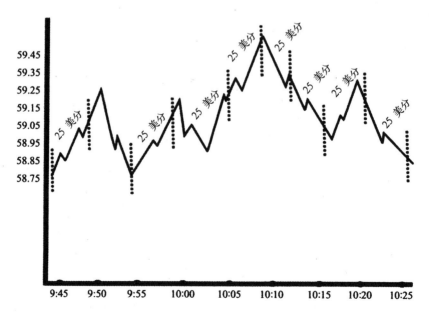

图4.1 盘中5分钟图

察后发现，你可以通过做多或做空赚取25美分的差价。对于这支股票，你要有相对多一点的耐心，便会从中稳定获利。

如果在整个交易日中，股价在每5分钟的滚动周期（rolling period）内能够波动25美分，那么你可以完成大量交易。在一个交易日中，除了盘前和盘后交易之外，有78个5分钟周期。所以，你有机会做成78笔交易，每天产生平均利润1950美元（25美元×78）。

真是不错的一天！

（如果你的经纪人按PPT方式收取佣金，而非按PPS方式收取佣金，那么你仍然应该每次只交易100股。区别就是你在盘中持有股票的时间应该稍长一些，这样可以减少令人讨厌的佣金。我知道这听起来有些自相矛盾，因为我一直在说永远不要持有。（第17章"选择合适的在线经纪人"，对这种矛盾进行了解释。）

当你对价格波动或交易中的等待感到厌烦时，想一下成为一名长期投资者所需的钢铁般的意志。为此，你已经等了几个月，而不是几分钟！关键在于，无论你是套利基金管理者（hedge fund manager）还是即日交易者，厌烦都是非常有害的，必须控制它、排除它。

想象一下，假如你是一名大一的新生，在第一学期便希望通过毕业考试。这就类似于你现在的想法，作为一名即日交易的初学者，你希望立即赚到大笔利润。那是不可能的。

耐心，耐心，还是耐心。交易培训班或交易宣传片，可能强烈暗示你能够每周稳定地赚到5000美元，但真相是你不能。比较现实的情况是，你亏损了很多次之后，情况才有所改善。你已经变得谦卑，并且开始学着去尊重市场。你将学着去理解每一笔对你不利的交易，你将学着去花时间研究自己错在何处。

我是一名初学者时，步履维艰。我的计划没有一致性，而且我对自己的计划没有信心，我的情绪主宰着每笔交易。我不断改变选股方法，不断尝试新的图表阅读策略。我没有明确的系统，把自己搞得一塌糊涂。

我已经相当地不耐烦，到了无法容忍的地步。

我开始寻找正在反弹的低价股（penny stocks），（噢，是的！）我还做了几笔大交易，把自己置于更高的风险和更大的不确定性之中——交易越大，亏损越大。我仅存的一点气力已经非常微弱，我感觉自己喘不过气来，紧张的神经和不断的失败几乎令我窒息。我需要放慢速度，我极度渴望知道怎样交易才能获得持续稳定的利润，却远没有耐心去学。

根据我与几位资深专家的谈话，得知许多即日交易者一开始都要经历这一阶段。如果你在交易中失利，失去了自信，进而失去了对市场强烈的兴趣，那么你就正在受到厌烦情绪的控制。

决定学习更多东西

一天，我认识到自己并不擅长即日交易，但我同时知道，我希望学习更多东西。对我来说，这才是真正的开始。华尔街的精英们已经把我打得满地找牙，但是我又站了起来，擦干净身上的尘土与鲜血，我认识到自己并不像想象中那么强大。我认识到，我的所有培训和教育是不够的。我错过了一些东西，我知道那是我的错误。

作为一名初学者，我开始明白，我必须学习克服厌烦情绪的策略。举例说明，我注意到，每当我止损出场后，讨厌的价格却又开始回升。哎哟！我感觉脸上挨了一记耳光。我感觉市场窃取了我的钱。我发誓，有个家伙正在盯着我的交易，然后他作出对我不利的交易，我就是他利用的工具。（注意：如果你交易某些股票，这种情况可能是真的；见第14章"股票选择：简化工作过程"。）

我逐渐从那些阴谋理论（conspiracy theories）中清醒过来。除了上面括号中描述的情况之外，我不再埋怨别人。我开始尝试新的理论。我并没有去尝试全新的选股或读图方法，而是开始使用一种风险管理的方法。我开始买入较少的股票。虽然在每笔交易中赚得少了，虽然我自愿采用的婴儿学步式方法的确很慢，却能很稳定地推动我前进。

大多数初学者如果拒绝责怪自己，那么一般会去责怪股票市场。他们常常抱怨"股市是一个大骗子。"他们有没有花时间分析一下自己的坏习惯，并且从自己的错误中汲取教训呢？我认为没有。

他们所需要的，可能就是像我一样放慢速度，变得不那么厌烦。钱会有的，但你必须去赚。股市不是一台老虎机，你不能不停地拉动手柄，希望出现最好的机会。

在你从即日交易中稳定获利三个月之后，你便通过了新手阶段。如果你每天至少做10笔往返交易（round-trip trades，即一次入场，一次出场），并且从不持有隔夜头寸，那么你就正在接近专业即日交易的状态。

当你进行如此繁忙的交易时，专业的耐心逐渐形成，你没有时间厌烦。真的，我已经发现，做的交易越多，我等待的时间越少。于是，这就把变得厌烦的风险降到了最低。

但是，我是一名新手时，有时会整天坐在那里，努力去购买5000股某支股票。我不得不确保入场价位的准确性，那给我的压力非常大。

那么，为什么还有那么多交易新手那样做呢？或许是因为他们拙劣的交易令他们的情绪失去控制，现在他们拼命想挽回损失。关键问题是，他们不再是在交易，而是在赌博。

如果你也以那种方式交易，那么请休息一下，放松一下压力。

努力找到阅读本书的耐心。

从我的错误中汲取教训。

每天交易100笔以上，需要专业的耐心。坐到腰酸背痛，在作出多个决定的同时进行连续多笔交易，需要像积极投入的飞碟射手那样的准确和专注。飞碟射手需要在瞬间决定射击哪一个飞碟靶，他反反复复地练习，有时一次要练习数个小时。

他不能因为错过了几个飞碟靶而感到厌烦。他必须保持专注与自信。他瞄准目标，几乎总是以相同的准确率射击，没有丝毫考虑的时间。一天下来，他的命中率相当高，即便在开始有些失误。

这些技能不是一夜之间就可学会的，飞碟射手不可能，即日交易者也不可能。

我们的大多数交易每次都不超过100股，所以，我们一般在一天中交易很多次，通常超过100次。

监控这么小的利润，看着它们在一天中不断增加，需要极强的自我约束力。中等水平的专业即日交易者，每笔交易只赚15至25美元。但是，如果这样考虑：15至25美元乘以100。那么，这些乏味的工作是很值得的。

何时才是以专业水平的耐心交易呢？当你完全与你的股票合拍时，很明显你已经具有了那种美德。你就像一名飞碟射手，在几乎不到一秒的时间内瞄准射击，把飞碟靶打得粉碎。股价的价格就像快速掷出的飞碟靶，在一天里不断上下波动。你的图表指明了入场和出场的时间。你的耐心便是一种无形的工具，使你等待完美的价格运动出现后再执行订单。你已经处于一种超自然的专注状态。

对于即日交易新手来说，耐心就是永远不要放弃。它是一个把坏习惯转变为好习惯的过程，最终实现持续稳定的利润，就像真正的节食者最终变得苗条一样。

对于即日交易专家来说，耐心已经成为一种熟练的技能，耐心同他对自己系统的信任一起增长。正如熟练的飞碟射手，经过训练，他的瞄准动作已经近乎完美。

需要牢记的规则

- 当感觉失控和厌烦时，永远不要去选择入场或出场点。
- 选择那些每5分钟周期内至少伏动25美分的股票。
- 在你成为高级交易者之前，每次交易不要超过100股。
- 不要奢望一开始就赚很多钱。
- 在你开始或返回即日交易前，先把本书读完。

第5章

学会休息

从开始做即日交易算起，如果我每中断一次就能得到1美元，那么我应该有很多钱买饮料来供我们享用了。在我刚开始从事即日交易的日子里，当把钱赔光以后，我就暂停交易。我需要利用休息时间筹集更多资金，以便东山再起，重新投资。

那种行为很典型。

那种行为很可悲。

根据我的经济状况，我的中断时间长短不一。然而，那些暂停之后的结果，却总是完全相同的：我又返回市场这个大型的竞技场，再次遭受打击。

我当时还没有意识到，暂时的休息应该是为了调整我的态度，是为了改进交易策略，而不是满腔悲愤地去筹集更多资金，然后扔到市场中去。

我感觉自己就像一名嗜赌成瘾的赌徒，而从某种意义上说，当时我就是一名赌徒。但是，在每次被迫休息的时间里，我逐渐学到了一些新东西，我对自己的失败进行了反省，我慢慢认识到了我的缺点。

我写第一本书的时候，恰好是我从事即日交易一年之后。那时，我刚刚卖掉了第一幢房子。在2000年的市场衰退期，我遭受了一些实质性的亏损，迫使我放弃了位于加利福尼亚的我那美丽的家。那幢房子，你可能还记得，是我的未婚妻和我一起买的，买下它之后我便参加了位于欧文的我的第一个即日交易培训班。

那次牺牲，你可能想象得到，是我的即日交易冒险旅途中最困难的部分。

我那第一次写书，实际上是一种自我疗法，是再次确认一些良好的交易策略。但是最后，我明白那些东西太基础了，那本书是一本典型的操作指南，按部就班地列出了所有必要的入门知识：如何在在线经纪人的帮助下设置账户，如何阅读基本的图表形态，以及如何详细阅读基本面信息。那些根本不是我想发表的内容。

我忽略掉的是即日交易冷酷无情的真相。在那时，我没有面对这种真相。我只知道如何买卖股票，仍然没有意识到买卖工作只占即日交易工作的百分之一。

我逐渐认识到，几乎每个人都会上网学会买卖股票，所花时间不过几个小时。不过，获得持续稳定的利润则完全是另一回事。

如前所述，我热切地希望学会成功地做即日交易，但我发现，我的热情却成了一个问题。我的热情与过度活跃使我看不清真相。而真相就是，股市就像一条残忍的鲨鱼，若无其事地品味它的大餐，却丝毫不关心我的死活。

即日交易有点像汽车比赛，都非常紧张、刺激，都需要大量的休息。作为一名即日交易者，就像美国全国赛车冠军联盟（NASCAR）的一名赛车手一样，既要拿到大奖，同时又要保证人车都完好无损。在每场比赛和每笔交易之前，你们都必须做好充分的准备，因为你在休息时间所做的事情，将直接影响你的表现，无论你是否敢于返回赛场。

我的第一次休假，是在我输掉了我的第一幢房子之后，那时我开始明白，即日交易远不是观察图表形态和预测基本面那么简单。毕竟，如果它那么简单的话，大学里早就设立即日交易专业，并开设即日交易课程了。

请不要在这一点上对我产生误会：稍事休息，并不是说离开这个行业。实际上，我的建议恰好相反：在你休假期间，还应该保持对股市的积极关注。

在休息期间，我不交易，但我一直观察市场。我分析股票运动与新闻和经济公告之间的联系。我甚至变得比以前更投入，尽管我处在一个观望者的位置。

我的暂时休息逐渐发展为休假。这些休假时间，成了我重整旗鼓的机会。同时，我的伤痛也得到愈合。在这些短暂的时间里，我在内心深处检查了我在即日交易中所犯的错误，并且发现了提升交易技能的方式。

在过去，我有那么多次总是因我的错误判断而抱怨市场。举例说明，到目前为止，安然（Enron）的暴跌给我带来的损失是最大的。在2001年初，我购买了8万股安然股票。我记得，当时它的售价恰好在一个低点，1美元，很多华尔街的经纪人们也做了相同的事情。就在第二天，那个特大的坏消息被公布了（你肯定记得那场噩梦！），那支股票最后贬值到每股不足30美分。

于是我很快便损失了55000美元，就因为我是一个外行。

在那种情况下，面对那种标志性的、臭名昭著的事件，很容易把失误归罪于市场，而实际上是我自己把事情搞砸了。下面听我分析一下原因。

在我休假的时间里，我做了一点分析后发现，大部分因安然事件而亏损的人们都是独立的投资者，当然还有安然公司那些把公司股票作为养老金的不幸员工们。

那支股票下跌速度如此之快，原因是同我一样在股价为1美元时买入了这支股票的华尔街的即日交易者们，在成交量异常放大的情况下，当股价跌至90美分时，他们都非常果断地抛出。

对于我来说，接下来的几天里发生的事情是灾难性的。但是，对于精明的华尔街即日交易者们，一切都非常正常。我曾经认为我比华尔街的交易者们要聪明，当华尔街开始卖出时，我继续持有我的股票，并且非常自信，认为股价会回升的。

不过，我现在明白多了。根本没有什么阴谋，如果你做了一笔亏损的交易，原因很简单：你没有看到股价变化的信号。

那些华尔街的即日交易者们看到了那些信号。他们在1美元买入，在90美分卖出，只亏损了10%。而我，继续持有，几乎赔掉了所有资金。

我的错误，我的错误。

在此后的休假时间里，我苦苦思索一个问题：华尔街的即日交易者们是怎样知道在90美分认赔卖出的呢？我发现了华尔街的即日交易者们赖以生存的基本策略。说起来非常简单，那就是熟练的风险管理。我将在第6章"风险管理的重要性"中，对那种技能进行详细说明。同时，他们还拥有数亿美元的投资资金供他们在盘中交易，这就是股价为什么在盘中存在巨大波动的原因。

对于独立的即日交易者来说，挑战就是学会如何搭上华尔街交易者们驾驶的顺风车。这一点再重要不过了，无论你何时暂停交易、开始休假，都必须时时关注你的股票。仅仅通过观察股价在盘中的波动，你就能学到很多东西。

这并不意味着当你重新开始积极地做即日交易时，你就准备好应付那些华尔街的大人物了，但是，保持参与是一个起点。

如果你认为自己能够与市场完全分离，能够完全忽略市场的存在，并且当亏损的伤痛过去之后再返回市场，而且如果你在离开的时间里一点教训也未汲取到，那么注定你要迎来下一次的大失败，而且是由重复性错误导致的。

让我们谈一些与"休假"相关的基本内容。比如，你应该在什么时间暂停交易，为什么？更重要的，在休假期间你应该做什么？

我首先谈一谈什么时间应该暂停交易，进行短暂的休息。

当你处于自信的低谷时暂停交易

当你完全丧失自信时，便应该暂停交易。由于你的不自信，你的交易系统已经被破坏了，此时你的交易方式太过情绪化。

如果你正在拍打你的电脑显示器，那么你无论如何都不能再交易了。如果你非常紧张，并且把这种紧张情绪传染给了朋友或亲人，那么你显然需要休息一下。

但是，即便你比上述情形冷静得多，还有其他标志证明你迫切需要去散散步。如果你发现自己不断改变交易策略，特别是在一天之内多次改变交易策略，那么你就要立即承认，你正处于困惑和惊慌之中，是时间停下来休息一下了。

相应地，如果你交易的目的仅仅是为了挽回昨天的亏损，那么你就是正被彻底的绝望燃烧着，这种情况下你也应该离开。

当然，好消息是：你的大多数问题都是心理上的，它们都能够恢复。

现在，我们再来谈一谈你为什么应该出去走走。

由于交易系统失效而暂停交易

暂时中断交易的主要原因是当前系统不再奏效。你需要放弃原有系统，或者对原系统进行重新组合。在即日交易中，稍事休息永远不是失败者或者懒惰者的行为。绝不是说交易者无能，相反地，它是即日交易工作的一部分。每个即日交易者都至少暂停过一次，这样做是完全有必要的。如果不通过休假来调整你的表现，那么你怎样应对学习即日交易过程中的压力和陷阱呢？

每个人在做即日交易时都会犯错，包括华尔街的专家们。他们的失误会造成数百万的亏损，所以，就像交易新手们一样，他们有时也会离开办公室出去散散步。

你还是个孩子时，你的父母会告诉你不要打架。"你应该走开，使自己的头脑冷静下来"，他们非常明智地告诫道。即日交易中的暂时休息与此很相似。

短暂的休息可以释放压力，你的情绪开始平静下来。你可以非常放松地去晒会儿太阳。一旦所有那些惊慌失措的情绪都不再控制你的思想，你便逐渐恢复了心理上的健康，能对原来那些混乱的想法作出明智的判断。

好吧，让我们再来谈一谈休息时做些什么。

暂停交易后做些什么呢？

你在休假时间里做些什么呢？首先，你需要重新建立你的自信。大多数情况下，是过度自信使你进入这种麻烦的境地，现在来了一个180度转弯：你已经亏损了那么多资金，被迫停止交易，内心充满了恐慌，一点自信也没有了。

首先需要做的就是把你的错误清理掉，把它们看做是可以越过的障碍，而不是退出交易的标志。

你可能想对我说："但是，请等一下。"在阅读关于休息的这一章时，可能你在想："这是疯了。我不可能因为过去的失败而停止交易，慢慢等待心理的修复。"

"这家伙认为我是谁？"你想知道，"那些信托基金的管理人吗？我得支付账单！"

相信我，我完全理解。如果你认为我没有考虑你的日常开支，甚至吃饭问题，那么我真的要发火了。我们用自己的钱做即日交易的目的就是赚更多钱，因为我们真的需要更多钱！所以，我知道"停止"努力赚钱的决定是很难作出的。

但这便是问题所在。在每次休假（通常是一到两个星期）之后，我的精神状态更好了，交易业绩得到了提升。那时我意识到，短期的、有目的的休假，虽然没有收入，但是比继续做亏损的交易要好。我认识到，短期休假应该作为成功交易之路上的一部分。

下面是休假时间里你要做的一些工作：

首先，你应该提醒自己，你是一名初学者，并且承认你有很多东西要学习。你通过新手状态的过程有多长，取决于你的交易频率。如果你每天只做一笔交易，那么你不是像专家一样做即日交易。你每天应该至少做十笔往返交易，这样，在你休假期间衡量你的表现时，就有足够的交易样本来做统计学测试。

交易频率是成功的关键。如果你每天只做一笔交易，并且每笔交易都赚，那么棒极了，但是，长期利润是多少呢？你在一笔交易上赚很多钱一般有两种情况：你在一笔交易中买了很多股票；或者你非常幸运地在股票暴涨的那天买入，你持有了一整天，然后在收盘前卖出。

好运气使你赚了不少。

另一种冒险的做法是习惯性的过度暴露（overexposure）。正如在第7章"过度暴露于市场的危害"中所述，就是一次交易1000股或以上。告诉明智的你一句话：大多数华尔街的即日交易者通常一次只交易100股。只要看一下二级（Level 2）报价表，你就能够在实时交易中看到证据。对于任何一支股票，Level 2报价表显示的是实时买卖订单报价，这使得市场价格非常透明：你可以看到交易在你面前执行。

图5.1所示为一张实际的Level 2报价表。

图5.1的"股数"一列显示的是实时订单。大多数都是100股（如箭头所示），你一般不会看到超过500股的订单。大多数执行订

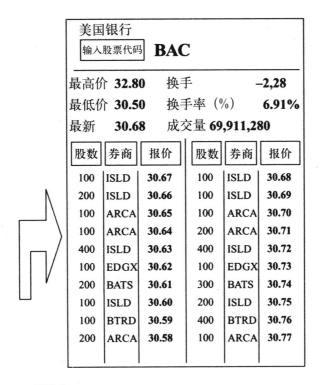

图5.1 Level 2报价表

单都是根据最新的出价和要价。

当你一直保持高频率交易时，一般会做得非常好。一旦变得与正常情况下不一致，那么就应该暂停交易，休息上几天，告诉自己那是很正常的。不要让你的自尊心认为那不是，在这个行业中，没有人会一夜暴富，因为它需要太多的技巧。

其次，做一个良好的预算，甚至准备另一份工作。在第8章"预算：了解你的资金限制"中提出的一些建议，将帮你度过那些休假期。

这样的计划和预算工作需要你具有本书重点阐述的品质——一种被称为自律的个人工具。培养这种品质，拥有它并且使用它。这是一种对自我的利用。这是你自己从在职培训和休假中获得了最多的东西。在你学习并逐渐成长为一名即日交易者的同时，正是你自己在不断地努力着，并且还要进行必要的休息。

即便你很富有，不需要工作，而且在赔得较多时，只要向交易账户中添些钱便可以了，但当你的收益变坏时，仍然需要暂停交易。我的几位富有的朋友，就因为被自负控制了大脑，结果损失了巨额的资金。他们从来没有停下来认真思考一下他们错在何处，应该如何改进。

不管你是穷人还是富人，也不管你是经验丰富还是刚刚入门，都要学会在适当的时间进行休假！

利用那些休假时间对股票进行研究，仔细回味并审查你做的每一笔交易，找出你的优点和缺点，确定你的主要问题。

例如，你的亏损都是因为摊平持股成本引起的吗？或者，你的最大一笔亏损是因为持有了隔夜头寸吗？无论你发现了什么，都要集中精力进行分析，然后你会清楚地发现，你应该停止那样做。

是的，你说的完全正确。

我忍不住想笑。我知道，事实并非如此简单。在我开始交易的最初几年里，我知道我必须停止持有隔夜头寸，但一直没有改正。因为股价在收盘时仍在上涨，所以我认为可以等一天，等下一个机会，于是我便又持有头寸直到第二天。

那是一个新手常犯的错误，甚至连差劲的策略都谈不上。有时，我们中的大多数人都会犯那样的错误。如果你是一位新人的话，那么我怀疑，无论我怎样警告你不要那样做，有时你还是会那样做，非像我们一样吃一番苦头才会悔改。

那就是我们为什么要撤出交易，进行反省的原因。只要我们发现一个交易错误，我们就应该立刻暂停交易，进行检查。

我为"错误形态"（pattern of mistakes）定义的时间框架是整整一个交易周。如果你在连续5天的交易中持续亏损，那么很明显需要对你的交易策略进行重新组合，不要奢望你会在下一个星期转运。那种想法可能使你开始以月为单位来检查你的业绩，那样的话，频率太低了。

从技术上来说，你的"休息时间"就是收盘后的每个晚上。在晚上，你可以重新理顺当天的交易，并且做好次日的交易计划。相应地，你应该确定每天的业绩水平。

是的，我们的确需要做那样的家庭作业。

但是，我不建议你在出现一天亏损后便暂停交易。不过，如果一周结束后，你一直连续失利，那么你应该在下一周休息一整周的时间，坐在一旁观望，仔细思考，然后转变你的交易风格和交易方法。

即日交易是一个终生学习的过程。当你重新开始交易，并且某些别的东西又阻止了你获得利润时，一定不要泄气。

并非每个人天生都适合这种高度紧张的职业。你可以喜欢股票市场，并且感觉买卖股票是一种享受，但那并不会使你成为一名即日交易者。如果你不断返回即日交易的工作，并且一直有所提升，那么你就是一名真正的即日交易者，因为即日交易是一个过程，这个过程需要你不断地进步。

需要牢记的规则
- 不要仅仅为了筹集更多资金而休假。
- 每天交易结束后，对自己的业绩进行评定。
- 记下交易失误的原因。
- 当你的交易始终不一致时，停止交易去休假。
- 在你暂停交易期间，积极分析你的错误，在心理上做好返回交易的准备。
- 为不可避免的休假制定一个计划。

风险的真相

The Truth about Your Risk

在谈到严重的潜在亏损时，即日交易是一个高风险的职业。如果你没有考虑过亏损，以及减少或避免亏损的方法，那么就不应该从事即日交易。

我已经对即日交易的风险进行了详细描述。这一部分将提供一些重要的避险技术，它们能够最大可能地减少亏损。风险管理和预算可以防止你的即日交易成为一种赌博行为。在本部分当中，我的目标是使你明白，如何为培训做好预算，以及如何降低你的风险。

第6章

风险管理的重要性

你的交易水平越高，防止资金遭受巨大损失的能力也越高。在具有这种重要的能力以后，你一般都是屡战屡胜。那么，现在最大的问题便是，究竟如何获得那种能力呢？

在即日交易中，最根本的问题就是你的风险管理能力怎么样。这归结为一些基于事实所做的推测工作。你计算出——尽可能敏捷地计算出——你应该何时使用自己的资金，每次的风险有多大。

最小化风险这个主题非常热门，单独这一个内容便可以写满好几本书。它可能是5日培训课程的主要内容，可令我震惊的是，它并没有。虽然我所参加的所有培训课程都提到过风险，但是我认为它们未能准确地告诉交易新手如何避免风险。

坦率地说，那些培训班掩饰风险的行为，令我非常反感。在那些培训班中，风险经常是在培训课程最后一天的最后一个小时才被提及。

那些看起来正确的建议，常常令我不安，比如："永远不要拿你需要过生活的钱去交易。"

废话！

下面这一句简短的废话，着实令我恼火："了解你的限制，并坚守它们。"

那就像让一个初学走路的孩子待在屋里，而不告诉他为什么。然后在他完全清醒的时候，你却大开着屋门在床上打盹。

同样地，培训班的老师们警告学员们即日交易存在风险，却没有告诉学员们一种实用的方法，以提高他们降低风险的技能。那些老师们把一些含糊其辞的陈词滥调扔给受训的学员们，然后便让他们进入真正的交易世界，而他们对于如何使用重要的风险预防措施几乎一无所知。

我真的认为那是犯罪。我希望更正那种错误，对于初学者来说，我强烈要求你牢记一点：即日交易中可能出现巨额亏损，这是一种永远存在的威胁，降低那种可能性的方法，必须是你交易策略的一部分。它们必须加强你的交易心理。

与风险相关的主要因素如下：

- 为每笔交易分配的交易资金数额
- 为交易分配资金的时机
- 过度暴露于风险
- 你正在交易的股票或公司
- 一天当中你所交易的时间段
- 赌博

现在，我详细地说明每个相关因素，以及减少或避免该因素所致亏损的方法。

为每笔交易分配的交易资金数额

使用多少资金这个问题，再加上为什么使用和什么时间使用等大量的选项，构成了所有投资策略的核心。我们希望像交易专家一样解决这些问题。

噢，我们吗？我们可以吗？让我们首先打消这些顾虑。

当谈及股市专家时，你的心中可能想起那些拥有经济学博士学位的投资经理，还有管理着数百万美元的套利基金经理。所有这些人都在与巨大的风险作斗争，都在非常敏捷地应用着他们的策略。

我们这些独立的交易者，怎么可能了解他们所知道的东西呢？

好消息是，我们所面对的挑战完全不像那些经济学博士们所面对的那样可怕。我们有几个主要的优势。

我们只需关注自己的资金，而且可以选择一次只处理一笔规模很小的交易。我们的资金通常只位于一个账户中，计算盘中（并非长期）盈余相对比较容易。我们几乎从不持有隔夜头寸，而且通常只交易较小的头寸（少于1000股）。

在这种情况下，我们只需要密切注意自己就可以了。很幸运，我们不是那些专业投资人中的一员。

现在你可能会问，我应该从我的交易资金中为一笔交易分配多少呢？

这要视情况而定。作为答复，我要问这样一个问题：你的交易水平有多高？你交易那支股票多长时间了？对于每笔交易，你的止损上限是多少？

如果你的回答表明你是一名即日交易的初学者，那么我就告诉你一条我珍藏的经验规则，它直接来自我的交易挫折史：

对于一支特定的股票来说，你所交易的股票数量应该等于你能够承担的风险。

对于上面这一条规则，你的反应可能如下：

如果我所交易的股票，其价格每5分钟的波幅大约为50美分，而且在每笔交易上我能够承担500美元的亏损，那么我就可以一次交易1000股，对吗？

对于这种理解，我的回答非常干脆，而且声音要比平常洪亮。我会告诉你，那在理论上可能是正确的，但是千万不要付诸实践！我想告诉你，作为一名新手，并没有能力迅速处理如此大的亏损，特别是它们在一天当中每5分钟便会出现一次时！

我力劝你接受这条建议：一次只交易100股。

我在之前的章节中曾经声明过，而且我感觉再怎么强调都不过分。一旦你确定了那个上限，你的风险将被最小化，除此之外，你将发现很轻易便可得出每笔交易的资金值。举例说明：如果你选择的股票每股50美元，那么为了购买这支股票，你只需要5000美元。你不必考虑所分配的资金占总交易资金的百分比，因为一次只交易100股，已经把风险降得非常低，所以没有必要再做那些计算了。如果你的资金不足5000美元，那么只要找一支价格低一些的股票便可以了。

为交易分配资金的时机

什么时间为交易分配资金是一个稍微复杂的问题。假设当每支股票只买100股时，你有足够的资金，一次可以做20笔交易。如果你有10万美元的购买力（交易资金），那么这很容易做到。但是那意味着什么呢？你应该总是买入20支股票吗？当然不是！你需要了解自身的限制。每位交易者都有不同的风险承受上限。例如，有的交易者一天内只交易一支股票，交易总数超过100笔。其他交易者则喜欢在一天内交易数只股票，每支股票只做几十笔。这些都是个人爱好问题，只要你感觉舒服便好。

一旦你对自己交易的股票找到了感觉——一种知道它如何运动的真实感觉——你可以逐渐开始每次交易200股，并且逐渐增加到500股。这一切都取决于你的交易水平，以及你交易水平提高的速度——这便是我竭力想警告你的地方。第1章"首先了解自身的真相"，被放在本书的开头，便是这个原因。在增加风险之前，知道你的交易水平，这是目前为止我所阐述的一个最大问题，我在第1章强调过，在此，我并不介意再重复一遍。

对于一般的即日交易者来说，交易收入是他们的主要收入。他们知道每天需要赚取多少利润，也知道每天能够承受多少亏损。虽然现在没有哪一门准确的科学能够用来应对交易风险，特别是对于独立的即日交易者，但是我敢打赌，把风险限制到每笔交易，消除了九成风险。

对于每次交易100股，我做一下比较清楚地说明：当你严格（可能有些厌烦）遵守那条规则时，你在一天当中可能赚得不像希望的那样多，但是你当然也不会损失太多。作为一名新手，你所冒的风险就应该那么多。如果你所承担的风险与你的交易水平同步增长，那么你也不会损失太多。

过度暴露于风险

当你过度暴露于市场中时，可能发生灾难性的后果，所以要确保理解第7章"过度暴露于市场的危害"中的内容。现在，我只是略提几句，但是请注意我的语调是非常急切的！

正如我在有关情绪的章节所证明的，当你过度暴露时，是很容易知道的，因为你将变得紧张。或许你正在稳定地、以100股的小规模交易，但是你仍然可能感到焦虑不安。

不过，我敢打赌，你感到焦虑的原因是让价格跌破了你的出场点（止损位），而你仍继续持有。你坐在那里祈祷股价回升，那是初学者们一种典型的失误。

在此，我的建议非常简单：不要再那样做！无论你的止损位何时被触发，你都应该出场。接受亏损，并寻找新的机会。这样的亏损可能只有25~50美元，你很快便能挽回损失。牢记一点，你还有一整天的时间。

上述只是导致过度暴露的原因之一。其他的原因还有：在没有首先每次交易100股的经验下，选择每次交易100股以上；一次交易数只新股票（此处的"新"股票是指不熟悉的股票）；试图在盘前（pre-market）和盘后（after-market）交易。

每当你感到自己好像失去控制时，你很有可能是过度暴露了。为了最小化你的风险，你应该最小化暴露于市场中的资金，并且坚持在每笔交易中那样做。

你正在交易的股票或公司

大多数人可能认为最大的风险是由所选的公司引起的，我们这些即日交易者却不必考虑那么多。我们不必陷入公司分析和收益预测中不能自拔，只需要知道当天的行情就可以了。

然而，对于即日交易来说，还有一点要搞清楚。每支股票的确具有不同级别的风险，风险高低取决于你在盘中交易的公司。举例说明，如果某支股票的公司受政府法规的影响，那么当你坐在那里交易它时，股价可能出现果断性的下跌。例如，一项公告可能就在盘中发布，国会刚刚通过一项严格的新法律，降低了该公司产品的价值。

于是，当你考虑此类风险时，很明显，你所选的公司应该能够具有以下优秀的品质：

• 政府调控对其产品产生影响的机会很小，像《反垄断法》（比如，微软），以及（美国）食品及药物管理局关于生物科技产品的管理规定。

- 不会在近期内破产（像安然公司和世界通信有限公司）。
- 不会出现工人罢工，比如航空公司。

在第14章"股票选择：简化工作过程"中，我对如何选择适合即日交易的股票进行了详细阐述。

一天当中你所交易的时段

这条与风险相关的因素相当直接，管理起来也是如此。

盘前和盘后交易是非常冒险的。在那些时间段，会出现很高的波动性。除此之外，如果下单太早，那么你还没有看到当前盘中趋势的发展。

你是否已经注意到，在刚开盘的15分钟，从上午9:30到9:45，市场交易是多么快速和疯狂？此处的规则是，不要在上午9:45之前交易，直到你的交易水平非常高.之后才可以。

同样地，在下午3:00左右，当芝加哥的期货和债券市场停止交易时，股票和证券市场的成交量却开始大增。

在一天当中的这段时间里，市场是极端不可预测的。你可以在一天的时间里都与你的股票非常合拍，但是，在下午3:00时，那种融洽的关系却戛然而止了！突然间你的股票运动陷入了一种完全疯狂的状态！

在这样的时间段，最好是停止交易，或者至少进一步限制一下你的交易规模。

在一天中相同的时间段里，大部分股票都会作出相同的反应，特别是交易非常频繁的那些。降低一天中交易时间段风险的关键是对你的股票要非常熟悉，特别是要知道它在每天是如何交易的。你交易的时间越长，就越了解它的价格运动和节奏，也就越能意识到应该在什么时间段停止交易。

赌博

在第11章"赌博与即日交易"中，我详细讲解了赌场赌博与即日交易的区别。在此，我将做一下简短的描述，但也是非常重要的。

如果你有一套严格的风险管理系统，却把它放弃了，据此我便可以基本断定你是在赌博。当你把即日交易变成赌博时，你未能使用一些异常关键的选项，它们是：

- 如果价格向对你不利的方向运动，那么减少交易投入的资金（降低暴露于市场的风险）
- 提前定好你的止损位和利润目标
- 随着股价上涨，投入更多资金
- 更换股票
- 盘中持有，直至股价回升（注意：本条只适用于交易专家）
- 摊平你的持股成本（同样只适用于交易专家）

作为一名即日交易者，只要你开始在市场中赌博，那么你就只能听任市场摆布了。你在祈祷价格将按你所掷骰子的结果运动，你计划——如果还可以称为计划的话——持有股票，直到股价回升。如果股价没有回升，你的麻烦就来了。

如果你情愿冒那样的风险，那么你不是在管理风险，你就像一个疯子在做交易！你所做的交易，就像一名堕落的赌徒在赌场中疯狂下注。

简而言之，风险管理水平归根结底就是你的交易水平。你经历的风险越多，你掌控风险的能力就越强。这就是为什么低风险（低暴露程度）交易非常重要的原因，你可以在不致破产的情况下学习。

要想学得交易这门技术，是需要时间和实践的。作为一名初学者，最小化风险的关键首先是保持低调，只交易较小的规模。逐渐地，你会理解风险的特性，并且能够很熟练地应对风险。

专业即日交易者的最终目标是在高风险的环境中进退自如，而且还不会破产。到那时，你便真正开始赚钱了。但是现在，耐心一点！试着像婴儿学步一样开始交易吧。

需要牢记的规则

- 对于某支特定的股票，每次交易的股票数量不应超过你能够应对的风险。

- 如果你是一名初学者，坚持每次只交易100股。

- 如果你感到紧张，那么立即退出交易。

- 除非你的交易水平已经非常高，否则不要在上午9:45之前进行交易。

- 在低风险（低暴露）交易中练习你的风险控制技能。

- 永远不要以我们前面讨论的方式过度暴露自己。

第7章

过度暴露于市场的危害

暴露于市场的资金通常指你能够承受的亏损大小。当你没有准备好接受亏损，有时甚至是没有准备好接受利润时，过度暴露便产生了。过度暴露表明你一次买入了太多份额的股票，却仍未习惯于该股票的波动和节拍。过度暴露也可以指你在错误的时间买入了一支股票，比如在盘前或盘后，不确定性极度高涨时。

在极少数情况下，对于拥有无限财富的交易者来说，如果他买入的股票价格下跌，对他来说几乎没有什么影响。因为他没有任何经济压力，当然永远不会过度暴露。

然而，如果你正在阅读本书，那么我敢打赌你不是那样的富翁，不管是你还是我，都没有机会享受那种无忧无虑、大把烧钱的恶作剧。我们同这个星球上其他那些努力奋斗、希望成功的人们一样，希望赚更多的钱，希望提高对那些像砖块般打击我们的亏损的承受能力。我们中的有些人喜欢在收盘后处理亏损，有些人则愿意在每笔交易之后确认亏损。不管是哪种方式，过度暴露这种盘中威胁，都是我们不得不学着管理的。

假设你已经交易某支股票整整一天时间，并且已经融入它的节奏。在整个交易时间里，你每次总是只交易100股，不管是买入还是卖出。然而，一旦你选择一次买入100股以上，或者开始摊平持股成本，过度暴露便发生了。

随之而来的可能不仅仅是简单的资金暴露问题。当你开始屈服于背离你那经过证明的"完美"策略时，你可能正在制造一种心理上的过度暴露。像那样突然偏离你的系统，特别是在中午，是一种不应该冒的风险。你的系统是根据你已经习惯的暴露水平制定的，所以应该坚持使用。

如果你一整天都以每次100股的规模交易，那么已经对价格波

71

动，以及这些波动对利润和亏损变化幅度的影响，感觉比较舒适。然而，你一旦提高暴露水平——买入更多股票或者价格更高的股票——那么你已经变得过度暴露了。

在本章的第一段我曾经提到过，当你在错误的时间买入股票时，也会发生过度暴露。我认为，拙劣的时机选择，是对即日交易新手威胁最大的陷阱。不过，时间会逐渐教会我们一切。

时间与时机

"时间"这一术语具有几种不同的含义。

时间被看做经验的度量时，能够征服过度暴露，因为当你熟悉了努力控制的交易规模时，原本令你惊恐的雷区，现在却变成了安全的天堂。

但是，在市场中，时间有另一种含义，那就是一天中的时间段。在一天中的某些时间段，你将暴露于更高的风险中。

我永远不会忘记在盘前和盘后交易所造成的巨大亏损。正当一条大新闻在酝酿时，我刚刚入场。当然，盘前和盘后交易具有一些优势，比如可能在大型价格运动开始前入场。那是一种非常诱人的情形，所以，常常是难以抗拒的。但是，也可能造成巨大亏损，在你的记忆中挥之不去，年复一年。

我有必要告诉你，永远不要在盘前或盘后交易，或者永远不要在相关新闻和公告发布前后交易。在那些时间，你可能会大捞一把，但是请注意：你过度暴露了。你正在跳入危险的海洋，可能正在赌博。

如果你打算未经考虑就跳入交易，那么至少应该通过限制买入规模来降低风险，比如每次只买入100股，而不是1000股。那样可以避免过度暴露，因为当你审慎地交易时，你所暴露于市场的风险已经证明是可以承受的。

举例说明，如果你知道将在股价下跌至特定价位时认赔卖出，那么当股价真的向不利方向运动时，你的所有风险就是一个你已经准备好接受的量。

在进入任何一笔交易之前，你总应该有一个合适的出场计划。

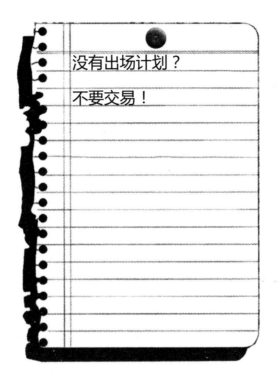

这一点是很明显的，却很难做到，所以我认为应该作为一条规则。仅仅把这条规则交付给你的记忆是不够的，你应该做得更具体一点。用彩色记号笔把这条规则写在一大张白纸板上，然后用大头针把它钉在办公桌旁的墙上。

对，就那样把它写下来。然后申请专利，并开始售卖那条规则，因为每位交易者都需要它，所以仅通过售卖它，你便可以致富。

无论价格快速上涨还是快速下跌都没有关系，你总应该知道何时卖出。你只要知道两个明确的价位便可以了：一个是利润目标，另一个是止损位（见图7.1）。

价位49.50美元和50美元是两个示例价位，当价格到达某个价位时，你应该买入或卖出（根据你是做多还是做空）。图7.1中的灰色区域代表过度暴露区域。如果你持有头寸超过了预定的出场价位，那么你的交易便处于一种无出场计划状态。这一点便把赌徒与即日交易者区分开来。时刻牢记，这些价位是你的暴露水平。一旦你错

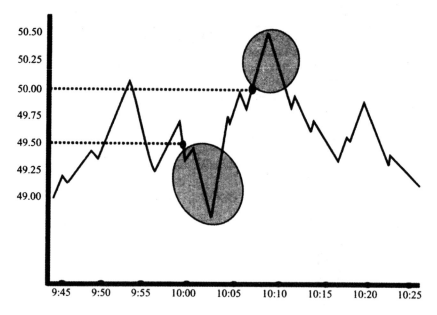

图7.1　盘中5分钟图

过这些价位，你就处于过度暴露状态，就是在用自己的资金赌博。即便是持有头寸超过利润目标，你也是在过度暴露自己。这表明，你变得习惯于在出现盈利时持有头寸超过预定目标价位，你正在任由自己陷入那片心理的沼泽地，即前面我们曾经介绍过的贪婪因素。

　　一旦你因贪婪而忽略了出场点，那么你就不再是按计划交易。

　　你需要习惯于在每笔交易上赚取或亏损既定数量的资金。对于这一点，我再怎么强调都不过分。我知道在利润较少时卖出听起来有些不合情理，但是在经过几次这种违反规则的情况，并且陷入亏损后，你就会明白我说的是什么了。

　　自律意味着避免过度暴露于市场的不确定性。下面这个例子，来自我自己充满悔恨的经历，说明了避免过度暴露的必要性：

　　在一整天的时间里，我都在交易百事可乐公司（PEP），而且非常成功。我每次只交易100股（我的经纪公司按PPS方式收取佣金），平均每笔交易盈利或亏损12美元。当时我已经做了30笔交易，25笔盈利，5笔亏损，那天我已经赚了240美元（盈利：12美元×25笔=300美元，亏损：12美元×5笔=60美元）。

时间大约是下午1:30，刚吃完午饭，我决定改变我的交易规则。我开始每次交易200股。第一笔交易进展非常顺利。股价快速上涨10美分，于是我赚了20美元（10美分×200股=20美元）。我继续使用200股的交易规模。

接下来的情形却急转直下。我的第一个不利头寸变化如此迅速，以至于我根本没有机会在下跌10美分时止损出场（亏损20美元）。我变得非常恐慌，不知所措，等待股价回升，却未能如愿。股价的运动继续对我不利，在我缓过神来，止损出场之前，股价又下跌了50美分。那笔交易我每股损失了70美分（70美分×200股=140美元）。我那一天所赚的大部分利润都付诸东流了。我万分沮丧地坐在椅子上，感觉自己午饭后对交易策略的修改真的很愚蠢。

我需要从错误中汲取很多教训。虽然我不再是一名初学者，却一直与一致性问题作斗争，我没有完全理解过度暴露的影响。

怀着非常懊恼的心情，我回忆把交易规模增至200股的愚蠢理由。我的如意算盘是每次赚200美元，并且能够承受20美元的亏损。而我没有料到波动性的增加。我早就应该意识到波动性总会存在这个事实，暴露得越多，买入的股票越多，你需要应对的波动性就越高。

在那天早些时候，我曾经在30秒的时间里完成了一笔往返交易。PEP这支股票，在30秒的时间里，股价波动了10美分。也就是说，我的100股在30秒后将亏损或盈利10美元。我习惯了那种盘中的时间选择，适应了它的价格波动和节奏，我没有意识到，在交易规模加倍后，情形竟然完全不同。

在两件事情上我犯了严重的错误。第一，当把交易规模从100股改为200股时，我没有准备好迎接波动性的增加。第二，我仍然根据以前的经验，让我的情绪控制了我。我持有那支下跌的股票，此时下跌带来的影响，比起当天我之前习惯的影响是双倍的。我完全崩溃了，只能任由市场摆布。

请你明白一点，我不是建议你永远不要提升交易规模至200股，完全不是那个意思。在讨论暴露这个话题时，我是想说明保持一致的重要性。我想让你明白，当暴露于市场的不确定性时，一致性的有无，会直接影响你掌控业绩的能力。一旦你改变了自己熟悉的路线，如果不给自己留出调整时间，你就是在过度暴露自己。

不管你每次交易100股还是200股，只有当你增加股票数量，或者交易价格更高的股票时，情况才会有所不同。这就意味着你可以选择从每次交易200股开始，你会逐渐习惯于那个交易规模。但是，当你决定把交易规模增至300股或更大时，你应该从早晨一开始交易便调整至新的交易规模，并且至少模拟交易几次，以便获得该股票波动和节奏的感觉。

如果你希望调整至较大的交易规模，那么我建议你先从目标股价的一半开始。举例说明，如果你的目标是交易一支价格为50美元的股票，每次交易100股，那么应首先交易一支价格为25美元的股票，每次交易200股。

问题的关键在于，即日交易者不应该尝试新鲜的东西——新的股票数量，新的股票价格，或者一天中不同的交易时段——直到他先行在低暴露交易中练习过他的策略为止。

总而言之，避免过度暴露的关键在于，首先在低暴露环境中花些时间培养一致性，然后逐渐过度到你所希望的交易方式。关于这条策略的更多内容，见第19章"为技能交易与为收入交易"。

需要牢记的规则

- 对于你不熟悉的股票，交易规模永远不要超过100股。
- 当你能够在正常交易时段稳定获利后，才可尝试在盘前和盘后交易。
- 当你感觉彻底失控时，很可能是过度暴露了，立即止损退出。

第8章

预算：了解你的资金限制

在即日交易中，一直存在赚大钱的可能性。但是，也有可能在眨眼间失去一切。避免巨大亏损需要节约和耐心。我知道我的语调可能破坏了你那伟大的专业梦想，但是要想成功，是没有捷径可走的。我认为我的工作是使你放慢前进的脚步，并且帮你保护资金的安全。

对于即日交易初学者来说，资金管理可以分为两个阶段。第一阶段是你的全日制培训期，就是在市场的水面上漂流。第二阶段，位于第一阶段之后，你开始积极为收入而交易，你需要一个可靠的现金流。

假设在开始阅读本书之前，你已经对即日交易有所了解。大多数情况下，你是从网上查看到的相关信息，并且购买了几本不错的书籍。到目前为止，你可能就花了那么多钱。你很可能还在做原来的工作，还没有冒险尝试做全职的即日交易。

假设此时你已经准备接受一些正规的培训，那么，在此之前，你需要一个预算。我在此处所讲的预算，可以使你在实际交易和培训中避免陷入绝境。因为即便你已经达到用真实资金安全交易的水平，你本质上还是一名实习生。即便你在读了几本书之后，又花数千美元参加了为期一周的即日交易培训，你仍然是一名新手。在深入于培训之前，你需要做一个培训费的预算。（见第16章"关于那些培训课程"，获取更全面的相关信息。）

记住培训的这个特点：当你首次实际交易时，仍然应该把自己看做一名受训者，甚至谈不上是一名业余交易者。因为如果你认为即将在最初的几个月里大赚一把，之后肯定会后悔莫及。

现在需要搞清楚另一个问题。问一下自己这个问题：我是一名什么类型的受训者？是富有的还是贫穷的？如果你不在富有者之列，那么你会明显感觉到资金不足。与传统的在线经纪人合作，你的账户中至少要有1000美元作为起动资金。在这之后，情况将变得糟糕得多。当你鼓起勇气去找按PPS方式收取佣金的经纪公司时，他们通常需要你拥有最少25000美元的起动资金。

或许你会感觉情况更糟糕，因为你已经为培训课程付出了一大笔钱。那些努力已经使你两手空空了吗？已经掏空了你毕生的积蓄吗？如果那样的话，你还要准备好跨跃新的障碍。你需要认真制定一个合适的预算。

那些拥有雄厚财力的、幸运的女士们和先生们，他们不必成为工资的奴隶或者"小费追逐者"，而且可以很轻易地摆脱日常工作，但我仍然要提出一条节俭的建议。我认为，不要在市场中挥霍你的财富。我建议你采用较小的规模练习交易。对此，你可能嗤之以鼻，毁灭性的亏损并不会令你感到恐惧。但是，当你总是亏损时，你能够承受心理上的痛苦与不安吗？你的痛苦主要来自你的自尊。为了消除那种痛苦，你需要像我们这些人一样，制定一个紧巴巴的培训预算。

对于交易新手，不管贫富，我的建议都是一样的：交易规模不要超过100股。

不要辞掉你的日常工作：一条令人左右为难的规则

现在我再谈一谈那些资金不足的初学者，这一类型包含的人数最多。我先从最容易理解的入手：一定不要退出你的日常工作！

听起来我就像你那多疑的朋友，或者像你那唠叨的母亲。那些人的话就应该永远受到轻视吗？

我们中的大多数人都在白天或晚上工作，不得不时刻关注自己的钱包。这不用我告诉你。有一点你可能需要我告诉你：当你的收入处于一般水平时，并不意味着你不能涉足即日交易，你只要积极主动并且小心谨慎就可以了。

但是仅仅依靠积极主动和小心谨慎是不够的。这是一条令人左右为难的规则。

你需要支付日常开销，但是也需要时间参加积极的即日交易培训。

所以，此时你会问这样一个问题：如果我每天不得不辛辛苦苦地工作，而且无法选择在夜间工作，那么我怎样才能接受即日交易培训呢？

我的答案使我们返回到这一部分的重点：预算。你必须为工作休假做好计划。那就意味着你在那段时间里必须有足够的存款来支付日常开支。如果你打算独立培训，那么需要3个月的假期。但是，如果你选择我的顾问指导计划，那么你获得这项专业技能所需的时间，大约可以缩减三分之二。在一个月的时间结束后，你将学会安全而又获利地交易。（请访问我的网站www.DayTraderJosh.com，获得更多有关顾问指导计划的信息。）

你的培训预算可以根据你的培训时间进行调整。为了自己的培训，你需要3个月的休假时间。如果你每月需要5000美元来支付无情的日常开销，那么你不得不准备15000美元。如果你在我的指导下培训，那么你只需要1个月的休假时间，只要攒够5000美元就可以了。

如果你不能获得公司批准的休假，不知道再返回公司时还能否恢复原来的工作，那么你不得不联系好另一份工作。否则，你必须确信即日交易就是那另一份工作，无需返回原来的公司。而且你必须决定学习如何保证交易资金的安全。

无论你在自我培训，还是在我的指导下培训，都不要奢望在培训期间赚很多钱。如果你没有积蓄，那么你将发现有些账单无法支付——当然不是来自你的交易！如果你每月需要5000美元，那么你需要从每天的交易中稳定赚取225美元，而且那是在税后。作为一名受训者，你将以非常小的账户交易，交易规模只有100股，所以实际上你每天的收入不会超过150美元，而且肯定不会是持续获利。作为一名新手，你所花的时间是为了学习，而不是赚钱。你应该把它看做一段时间全日制的大学学习。

在我做即日交易的最初三年里，我经历了一个可怕的循环。我交易了几个月的时间，要么不赚不赔，要么亏损很多。一旦情况变得无法收拾，我就返回原来的工作。

经过反省之后我认识到，我反复失败的原因是没有把恢复交易看做培训和进步。我把它们看做最后的机会，企图把亏掉的钱赚回来。我把精力集中在赚钱上，而不是从自己的错误中汲取教训。我孤注一掷！

这就是你的先期培训非常重要的原因。对于这一点，我再怎么强调都不过分。它将防止你像我那样坠入地狱般的深渊。

你应该还记得我在第1章"首先了解自身的真相"中的观点，把全部时间都用于交易是完全必要的。为了成为一名专职的交易者，你需要每周交易5天。否则，你的交易水平不会像预期的那样快速提高。仅靠在你当前办公室的电脑上每周做几笔交易，是不会成为一名成功的即日交易者的，你不会获得成为专家所需的全面经验。

我并不是说不应该在工作之余安排交易。那可能是一种开始即日交易的很棒的方式，如果你很幸运地赚了一些钱，那么就可以把那些收入分配给仔细计划的专职培训预算。

好的，假设你已经完成了我的为期一个月的顾问指导计划，或者完成了你自己为期三个月的培训，那么一切都变得相当好了。你准备从积极的实地培训发展为积极的实地即日交易。你就像一名刚通过资格考试的老师，直接来自学术的殿堂，你已经准备成为一名专职的老师，但仍然是树上一片尚未成熟的嫩叶。你准备把即日交易作为主要的收入来源，但还缺乏在真正的市场中交易的经验，所以摆在你面前的道路肯定是坎坷不平的。

随着你在专职即日交易中的首次亮相，你的预算现在必须修改。第1章"首先了解自身的真相"和第13章"保持一天内交易的一致性"，进一步透彻地说明了，在试图为收入交易之前，学习保持一致性的重要性。在培训阶段，你应该已经掌握了策略的一致性。现在你可以加入第二阶段的预算，与第一阶段的组成一个整体。第二阶段的预算是另一种类型的一致性，对收入有一个非常严格的管理。

处理数据

如果你每天平均盈利250美元，并且把每天的亏损限制在100美元之内，那么你便可以靠交易养活自己了。这毕竟是基于收入的业绩，控制权在你手中。

我喜欢以每月为基础衡量我的业绩。如果有一天亏损较多，我不会过于紧张，虽然对于每天的盈利和亏损我都有一个上限。最关键的是要达到我每月的指标。

如果我的业绩低于每月的预算，那么我会更加努力。确定每月的盈利/亏损非常简单，在我的账户中总有一个最小金额，只要超过那个金额，我便是盈利。

在每月的第一天，我都会完成我的每月预算。我不过是用基础金额（最低要求或略高）减去总账户金额。比如我在月初时账户中有25000美元，而在月末时有3万美元，那么那个月我的总利润便是5000美元。

我是这样缴税的。我拿出当月毛利的30%缴税，放在一个单独的有息账户中。例如：那个月我的净利润是3500美元（5000美元×0.7），我把1500美元（5000美元×0.3）存入另一个账户，用于缴税。

所以在年底，我需要用于缴税的资金都在另一个账户之中。一旦把税金准备好后，我马上便可知道我的捐税数额（tax returns）。比如说在那个财政年度，我赚了60000美元，我已经取出30%，那么我就有18000美元（再加上所得的利息）用于税务。

注意：如果你有一名很棒的税务律师，而且精通证券交易方面的法律，那么你很可能会省下那18000美元储蓄的一大部分。你不必上缴美国国税局（IRS）的部分，就是你的捐税收入。

不过，上面的描述是一个田园诗般的世界，一个可以通过预算控制的世界。但由于一时疏忽，忘记了对它进行修改的义务而带来的那种印象，我感到非常痛心。

缓冲资金

永远不要忘记这个真相：在即日交易中，一切都没有保证。

你还必须准备好另一套计划。你需要拿出资金作为日常开支，就像你在培训期间一样。你可能有一个月非常不走运，你可能在月底还是亏损，甚至可能把交易账户中的所有资金全部取出，都无法满足你的开销。

如果你已经拨出足够的资金，那么就永远不会为这些问题担忧。而且，如果你决定暂停交易，以便自省和学习，那么你可以依靠那些储蓄生活。

你能够想象每天都在交易，没有任何安全措施，一出现重大亏损就将睡在大街上，是什么样的情况吗？你不要那样做，永远不要！

在你决定为收入交易之前，你应该拿出足够的资金，至少保证三个月的开支（缓冲资金）。在保证账户最低金额的条件下，你还应该有一批资金作为备用。举例说明，如果你被要求在账户中存入25000美元（大多数按股票数量收取佣金的经纪公司都要求这样），那么你至少应该有额外的1万美元在另一个账户中，起一个缓冲作用。换句话说，为了开始交易，你至少应该拥有35000美元。

我讨厌成为坏消息的受害者，但是在有些时候，你的账户余额很可能大大低于经纪公司所要求的最低金额。这时，那1万美元的备用资金便成了你的救星。当你接到经纪公司的电话，要求向账户中打入更多资金，以保证账户最低限额时，那些资金可以避免你发疯。如果你没有备用资金，那么在找到更多资金之前，你将不能从事即日交易。那糟透了！相信我，我的顾问指导计划的目标是，使你经受那种噩梦的可能性最小化。

不要犯过度自信的错误，自以为是一名幸运儿。在此，我从心窝里掏出一些非常中肯的建议。相信我，安全比后悔要好得多。在你拥有缓冲资金之前，不要开始为收入交易。另外，不要把缓冲资金存到交易账户中。请再相信我一次，没有缓冲资金将使交易变得非常困难，特别是你受情绪的控制交易时。

知道你的资金限制，作出明智的计划和预算，可以大大提升你在这个高风险、低确定性环境中生存的机会。准备一个预算用的Excel电子表格，在你交易时，每天都要使用它。及时做好所有账目的记录与计算。如果你不知道如何使用Excel，那么可以使用类似于QuickBooks的软件来做好交易记录。

在即日交易中，你需要有条有理、勤奋认真，更要擅长储存资金。

需要牢记的规则

- 如果你打算自我培训，那么应该准备好三个月不工作的日常开支。如果你打算参加专业的顾问指导计划，那么应该准备好一个月不工作的日常开支。

- 经过你自己三个月的培训，或者一个月的顾问指导计划之后，在你能够持续获利之前，不要试图为收入而交易。

- 如果你辞去日常工作，那么要确保能够再找一份工作。作为一种比较安全的选择，让交易顾问帮你做即日交易培训。

- 在培训和交易期间，都要准备好缓冲资金。

- 一定不要把你的缓冲资金放在交易账户中。

- 使用预算软件及时更新你的交易账户记录。

第9章

利用止损将你的风险最小化

对于每一套投资系统来说，即日交易者的基本风险是那些亏损的交易。从会计的观点看，那些亏损就像是流出的鲜血（译者注：在西方国家，亏损都用红色表示）。值得庆幸的是，作为即日交易者，你可以控制流血的量，利用恰当的止损系统，你可以控制自己的亏损额。

那么止损到底是什么呢？这个问题的答案有些复杂，因为每位即日交易者持有各种各样的观点和策略。一般来讲，止损就是选择一个预定价位，如果股价暴跌或暴涨至哪一个价位，你会立即卖出头寸。止损的要点是你在亏损时卖出，这个预定的亏损非常小，你能够控制它，所以它永远不是毁灭性的亏损。

使止损自动化

通过坚持不懈地使用严格的止损程序，你能够把意外的风险最小化。一旦偏离了那种方法，便会导致一些不愉快的意外事件发生。所以，止损的应用应该在你的大脑中扎根，应该成为一种自动的行为。

那听起来像是一个没有头脑的人所做的事情，不是吗？然而，止损远非看起来那么简单。你必须时刻警惕自己反复无常的想法。偏离你的系统相当容易，特别是当你还是一名新手时。

举一个发生在我身上的实例，当时我第一次学习如何止损。那是在1999年，在我第一次参加培训时。他们把止损讲得非常简单。他们告诉我们，如果交易对你们不利，你们所要做的就是在亏损很小、刚好可以接受的时候卖出你的头寸，然后再继续寻找交易机会。

我当然不能说他们对于止损的讲解是错误的，止损过程的确就是那么直接。但是我发现，止损过程中最麻烦的问题在于我自身。从心理上说，放弃我专注的东西，并不那么容易。

于是在我止损时，又出现了另外一个影响我的心理陷阱。当我连续止损时，我的亏损多于盈利。当时我变得非常生气。止损系统正在工作，确实如此！我一直在亏损时卖出！

我已经学习了如何最小化我的风险，但是，现在我不得不再学习如何最小化我的止损。我自己埋怨自己，毕竟，如果你想在即日交易中赚钱，就必须使盈利交易多于亏损交易！

那次培训课程没有使我准备好应对那个问题。对于如何避免激进的交易策略，我没有受到任何培训。我的导师们只是告诉我加入止损的一般重要性。例如，他们教我努力在一笔交易上赚10个点，而当股价向对我不利的方向运动2个点时，我便止损退出。 .

又一次，一切听起来都如此简单。

那次培训课程漏过了几个问题。有些问题是应该讲解的，比如并非所有交易行情都是相同的。有些股票的波动性很高，所以你需要在股价折返到你的利润目标之前，留出较大的空间让股价向对你不利的方向运动。而在另一些行情中，在实施止损前，你可能真的希望摊平持股成本（但是这种策略只适用于高级交易者）。

基于这些原因，学习如何止损包含一个反复试验的过程。前面我曾极力劝说你在交易水平提高之前，应该每次只交易100股，这也是原因之一。

下面是一些基本的规则和策略，可以帮助你掌握止损的应用。

首先，在确定止损价位之前，你需要知道你的风险限制。举例说明，如果你计划那天能够承受200美元的亏损，那么当你的交易浮亏200美元时，你能够止损退出。如果你计划进行多笔交易，那么你可能希望根据日风险上限限制每笔交易的亏损。例如，如果你计划每天做20笔交易，而每天的亏损上限是200美元，那么你应该把每笔交易的亏损限制在10美元（200美元/20笔）。

那是任何培训课程都会教你的一套计划。现在，我对它进行一下扩充说明。

　　你是一个人，会有各种情绪，所以应该知道这一点：你可能有一个每日预算，但并不保证你会遵守它。相信我，在即日交易中，尤其难以做到那一点。我已经无法告诉你我超出每日预算的次数，而且每次都超出很多。每当我发现当天多数交易亏损时，那种情况便会发生。我在中午放弃了我的止损系统，开始像一个失去理智的疯子一样交易。

　　问题并不是来自我交易的股票，也不是来自市场，问题是在盘中交易期间，我未能调整自己的系统。于是我开始学习如何设置止损。我认识到，在一天当中，交易者的止损出场点，对于每笔交易应该是变化的。

　　虽然当你进入交易后，应该坚持预定的止损出场点，但是盘中止损水平需要不断调整。例如，在你做第一笔交易期间，你可能决定在股价达到44.00美元（如果是做空头寸）或42.75美元（如果是做多头寸）时止损退出。然而，对于同一支股票，在下次交易时，止损出场价位可能需要分别调整至44.50美元和42.50美元。

　　你如何提前决定所有这些止损出场点呢？你所要做的就是紧盯着图表。你需要连续不断地重新评定盘中支撑位和压力位，需要持续关注价格接近和（或）突破支撑位或压力位时的反应。一旦价格超过那些价位，你要记下它们运动的幅度。

　　止损点应该设在新的压力位或支撑位外侧，并靠近这些价位。在图9.1中，注意在新的压力位和支撑位形成之后，价格是如何反转的。

　　盘中反转是绝好的机会，每股可以迅速赚到15到30美分，甚至更多。突破区域（如图9.1所示）是入场的最佳区域。

　　在那些位置，一切都可能变得非常微妙。为了掌握止损策略，你需要做大量试验。

　　我开始明白，盘中止损出场点是灵活多变的。我认识到，我需要提高对盘中股票价格的分析能力。每笔交易都有不同的止损上限。简而言之，我的发现就是：你的出场点永远不应该是静态的。出场点和你都应该是动态的。你正在学习在心理上处理一些变量，在你确定正确的止损出场价位时，不应该只关心你能够在这笔交易

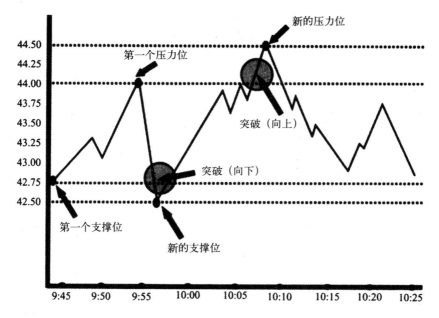

图9.1　盘中5分钟图：价格反转

上承受多少亏损。

　　从一笔交易到另一笔交易，你的出场点一定不能设置为相同的金额或价位。

　　有些股票运动10美分需要1个小时，有些则只需要10秒钟。假设你现在只交易一支股票，并且已经交易了足够长的时间，对它的运动节奏已经非常熟悉，也就是说知道其价格在盘中是如何运动的。你还知道股价突破支撑和压力位的速度，以及突破后的运动幅度。根据上述知识，你可以对任意一笔交易的合适止损点进行动态调整。

　　下面我举一个调整止损点的例子。我喜欢交易每20分钟大约运动1美元的股票。我喜欢它们波幅为1美元时的高波动性，那就意味着在20分钟的时间里，股价先向一个方向运动10到20美分，再向另一个方向运动10到20美分，但是最终会朝一个方向运动整整1美元。在熟知股票的节奏之后，我可以在全天对我的止损点进行有效的调整。

　　假设股票Amazon.com（股票代码为AMZN）今天的交易价格为70美元。在我能够确定止损点之前，我需要知道几件事情。我仔细

87

检查图表，我在寻找主要的盘中支撑和压力位。我选取上个交易日的最高价，作为今天的压力位。然后选择上个交易日的最低价，并把它作为今天的支撑位。我利用这些价位开始交易AMZN。

现在我准备开始小规模交易，也就是说（你可以猜到）每次只交易100股。我通常在股价接近预定盘中支撑或压力位时，开始计划入场。如果价格突破压力位（顶部），我可能选择卖空；如果价格突破支撑位（底部），那么我可能选择做多。

"等等，"你可能会说，"你不应该只做逆势交易吧？你为什么在股价上涨，突破主要压力位时卖空呢？"

对于这个问题，我的回答是这样的：华尔街的经纪人必须从他们的交易中获利。当他们卖出头寸时，股价会回落，所以你应该按照他们的意图交易。要想预测股价将在上涨趋势或下跌趋势中持续运动多少，是非常困难的，但是我们几乎可以保证，股价将会反转。股价一般会在主要价位反转，即日交易者们的工作便是充分利用那些快速反转获利。

我发现，在那些价位，股价几乎总会反转。而如果股价没有反转，我便快速止损。在拥有一个预定的出场价位（一个止损出场计划）后，实际上便没有什么可担心的了。假设AMZN盘中的一个重要压力位在70.50美元，我会等待价格到达70.50美元，那可能只需要数分钟的时间。一旦股价到达那一价位，就意味着股票处于超买状态，很快便会反转。大概你也那样认为。

如果你与自己的股票很合拍，那么你知道在这一点股价最可能向哪个方向继续运动，也知道运动速度有多快。关键是等待股价到达盘中支撑或压力位。一旦股价触及那些价位，你应该准备入场。在入场之前，你还应该知道预定的出场点：利润目标和止损位。

如果我在70.75美元入场（卖空），那么很可能把止损位设在71.05美元。如果股价击中71.05美元，那么我将亏损30美元（71.05美元 － 70.75美元 =0.30美元，0.30美元 × 100股=30美元）；如果股价继续下跌，我将在70.25美元回补获利。在图9.2中，我被迫于71.05美元处止损出场。

图9.2中的灰色区域代表交易区间，股价没有反转，所以我在

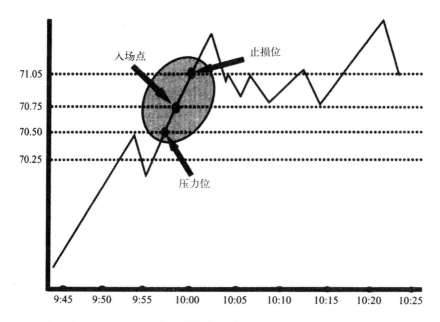

图9.2 盘中5分钟图：价格向不利方向运动

71.05美元快速出场。

从入场到出场只花了大约4分钟的时间。

当股价突破重要的支撑或压力位时，大多数情况下，它会反转约25美分或更多。这发生在它继续运动到新的更高价位之前，所以我一般把止损设置在距离入场点25美分处。一旦股价超出原来的盘中支撑和压力位25美分，通常我就进入交易。所以，我一般会等股价超过原来的盘中压力位50美分之后，才止损出场。一旦股价突破压力位后继续向更高的价位运动，那么它反转的可能性便大大增加。

在图9.3 AMZN的例子中，我想利用前面图9.2中的行情，展示一下交易顺利的时候会发生什么。

假设股价突破70.50美元的原始盘中压力位后，继续上涨的幅度超过25美分（极端超买）。我在70.75美元进入交易（卖空），股价在击中71.05美元之前快速反转到70.50美元，于是在这笔交易中我很快便赚到25美元。（说明：在70.75美元做空100股，在70.50美元回补。）

我在上午大约9:58入场，大约3分钟后出场。注意在我出场后股

89

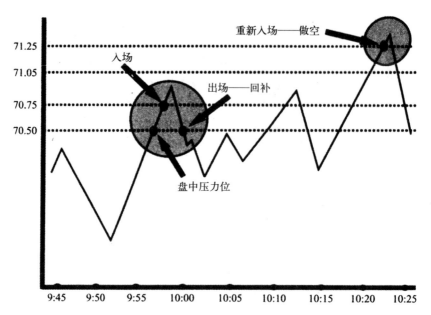

图9.3　盘中5分钟图：交易顺利

价是如何反转的。股价向下快速运动，一旦击中71.25美元，我一般会重新入场做空。在第二笔交易中，止损位和利润目标将会不同。这次，我可能会在71美元回补，或者在71.50美元止损（这便是我所说的动态出场点）。

上述交易，看起来像是在为微不足道的25美元的利润做了大量计划，等待了较长时间，而亏损却可能是50美元。不过，请记住以下几点：

- 你的初始设置，如果正常的话，当股价击中重要的盘中支撑和压力位时，在它们继续运动到新的价位之前，有10分钟的反转机会。

- 随着你交易水平的提高，你就能同时观察越来越多的交易机会。我通常一次观察10支股票。大多数情况下，每隔1～5分钟，至少有一支股票击中一个重要价位。入场或出场可能只花1分钟的时间。

因为我已经安排好其他交易，可以把亏损的钱赚回来，所以执行止损没有什么问题。比如在一天当中，我可能止损退出5笔或10笔交易，但可能有50笔或更多交易获利。

相应地，我已经学会抵挡持有头寸通过止损点的诱惑。虽然我把自己置于一个危险的环境里，但我的资金却处于掌握之中。当我持有亏损头寸时，我会设置其他快速交易，并且从那些交易中获利。

如同其他章节一样，在本章当中我也要强调一下，当你还是一名交易新手时，要保持耐心，逐渐提高水平。在你学习如何正确使用止损的过程中，难免要作出很多猜测。你当然会犯一些错误，但是我可以向你保证：你交易某支股票的次数越多，就对它越熟悉，特别是在入场和出场价位的选择方面。逐渐地，你会变得更加擅长确定最佳入场点和出场点，都是以盘中图表为依据。

需要牢记的规则

- 学习如何正确止损是一个反复试验的过程。再重复一遍：小规模交易（100股）。

- 在你确定当天的支撑和压力位之前，不要试图设定止损位。

- 在你确定止损退出的价位之前，要知道你当天的风险限制。

- 对于每一笔已经入场的交易，要坚持使用预定的止损出场价位。

第10章

摊平：高手的策略

对于价格已经下跌的股票，利用摊平这种策略可以降低所持股票的平均成本。

问题：它真的是一种好策略，还是在追逐一笔拙劣的交易？

答案取决于你的交易水平。

下面我介绍一下摊平的使用过程。典型情况下，你在每股50美元时买入100股，然后股价下跌至每股49美元。于是，你在每股49美元时又买入100股，这样便使你所持股票的成本降至平均每股49.50美元。

表面上看来，那是一个不错的主意，但是现在你的交易规模变成了200股。这马上会带来过度暴露的问题，对于交易新手来说尤为严重。初学者准备继续摊平，所持股票增至300股，接下来又增至400股，等等。

成功摊平的关键是有一个精明、细致的计划。新手们一开始可能有一套不错的策略，但情况却很快失去控制，因为在他们逐渐加仓的过程中，可能会忘记过度暴露的问题。在此，我将讨论那个问题，我将以清晰的语调，大声宣布：

根据下图，在你的墙上再做一个警示牌。

仅作小规模交易时，交易新手必须努力做到持续获利，也就是说每次交易100股。他没有能力运用复杂的策略，摊平是一个专业的工具。初学者可能在试用这种策略时获得一些成功，但是只要有一笔交易一路直跌，他很可能会无限期地持有下去。

那样，他就可能会遭受巨额亏损。

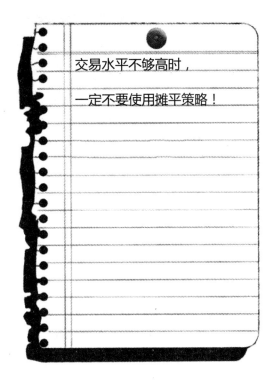

要想成功摊平，需要较高的技能水平

那么，你如何知道自己的交易水平已经足够高呢？如果你经常交易一支股票，并且持续获利，那么可能是时候尝试一些高级策略了。为了检验你是否已经准备就绪，请重新阅读第1章"首先了解自身的真相"，然后评估一下你的交易水平。

我还是一个新手时，使用过摊平；我成为一名老练的交易者后，又使用过摊平。当我是一名新手时，我遭受了非常恶劣的结果，我成为一名老练的交易者时，就做得好多了。像以前一样，我先与大家分享一下我是一名新手时所经历的黑暗与血腥，然后，我再介绍一下当我积累了大量经验后，是如何有效利用那种策略的。

到目前为止，我没有预料到的最大亏损，是由不正确的摊平操作导致的。作为一名初学者，我有一条基本的交易诀窍——你知道，那就是低买高卖（是的，就是那样）。知道在何价位卖出时，我便入场；如果股价达到我的利润目标，我会卖出。当然，我还有一个计划好的止损价位。但是，如果股价下跌得非常快，亦或碰到一个非常不顺的交易日，那么我会变得非常情绪化。我会对那支股票发脾气，我不再使用我的止损，相反，我会看着股价继续下跌。然后，我会在较低价位买入更多股票。

我会完全放弃原来的计划。如果股价继续下跌，我甚至会毫不犹豫地买入更多。我也努力寻找过新的支撑位，可一旦开始不正确地摊平，我便心神不宁，任何明智的策略都失去了意义。摊平操作会一直持续到我的交易资金用完为止。

有时，如果我足够幸运，股价会向上反弹，使我不亏不盈。你可能会问，为什么不等待股价继续上涨，从而盈利呢？一般情况下，我从不等待股价继续上涨，因为我的神经已经非常紧张，我只想退出，越快越好。

有时候，我的一笔盘中交易的浮亏会超过1000美元，而在当天收盘前，股价终于反弹。一旦股价返回我的损益平衡点，由于我已经非常紧张，所以立即卖掉所有头寸，以求解脱。我变得轻松了，同时也感觉很幸运，因为毕竟我是在赌博。

我所摊平的大多数交易都未能幸运地反弹，于是我不得不在大亏的情况下卖出，要不我就持有头寸过夜。当我选择持有隔夜头寸时，我当然是希望股价在第二天会反弹。

而实际上大多数情况下股价都未能反弹。

当作为一名新手时，摊平操作让我违反了每一条交易规则。我没有控制情绪的纪律，也缺乏运用复杂技术的经验。我感觉自己就像一只饥肠辘辘的幼犬，孤独地徘徊在丛林里。我试图战胜我的猎物，结果却更加失落，更加饥饿。

后来，我得到更多经验之后，开始成功地摊平了。最后，这个工具便成了我整体交易策略的一部分。

摊平策略并非一夜之间就可学会

在一年多的时间里，我选择了几支比较可靠的股票进行交易。我完全进入了它们的节奏，非常熟悉它们的价格波动。我知道股价在支撑位和压力位附近的反应。我对所做的每笔交易都非常有信心。但是，我仍然没有足够高的技能水平来掌握摊平策略。

在第18章"模拟交易策略"中，我强调了模拟或示范交易的重要性。如果有任何新的变动，都要先进行模拟交易，然后才进入实战。不管是你交易的股票，还是你的交易策略，都应如此。我还指出，在使用100股的交易规模持续获利之前，一定不要进行大规模交易。

在我汲取了那些经验教训之后不久，在使用100股的交易规模时，我变得非常成功。然后我把交易规模提高至200股。但是，我知道要非常谨慎。我只用那样的规模交易非常熟悉、可预测性非常好的股票。

问题的关键是，在你尝试使用摊平策略之前，首先必须掌握以200股的交易规模交易的能力。换句话说，如果没有能力跑回本垒，就不要浪费气力去击球。

对于我来说，正常的摊平操作，持股上限是200股。我首先买入100股，假设股价下跌，我便在更低的价位买入另外的100股。

在我进入交易之前，总要制定一份计划，这要使我的大脑运转上几秒钟。我迅速地问自己，为什么要摊平这笔交易？通常是因为在那个交易日，如果按照200股的正常规模交易，该股票有点不可捉摸。于是我降低暴露水平，在入场时只买入正常规模的一半（正常为200股，减半后为100股）。

我在躲避的风险到底是什么呢？当我以200股的规模交易时，我所允许的亏损是50美元。于是我愿意在那笔交易上冒50美元的风险（0.25美元×200股=50美元）。意思是说，假如我在50美元入场，如果股价下跌25美分，我必须在49.75美元止损。

现在知道了我对风险的阈值（200股50美元），我可以制定一个订单执行计划。股价达到50美元时，我将入场，不过第一次只买入100股。当股价下跌至49.90美元时（大约浮亏10美元），我就再买入100股。

现在我的交易规模便成了200股，并且遵守原来的计划。此时，我必须再迅速做一些计算。当买入每两个100股时，我摊平了我的持股成本。第一个100股，每股是50.00美元，而第二个100股，每股是

49.90美元,所以平均每股成本是49.95美元。当交易规模为200股时,我已经习惯于在我的交易上只接受50美元的亏损,于是我可以等待价格下跌至49.70美元,然后止损(49.95美元-49.70美元=25美分)。

如果股价到达那一低点,我将对200股全部止损。

此时你可能会问,为什么费那么多事呢,一开始直接买入200股不更简单?

记住一点,这还是过度暴露的问题。如果我感觉某支股票在交易时很难预测,我选择已经习惯的规模的一半交易,目的是为了降低风险。当然,还有另一个因素在起作用。当一支股票的可预测性很低时,很难在图表上选择支撑和压力位。为了避免失误,额外留些余地是比较明智的。

利用之前的一个例子,很容易说明这个问题。如果你在50.00美元一次买入200股,那么你只能承受价格下跌至49.75美元(而不是49.70美元)所带来的亏损。这5美分的差距看起来不大,但可能恰好是你为了留在交易中所需的缓冲,在波动性较高的日子里,那是非常有用的。

在我止损退出的交易中,有时股价运动几美分后便开始反弹。如果我当初能够巧妙地使用摊平,我会在那些交易中停留略长的时间,并且还不会超过我所习惯的亏损(我的50美元阈值)。

我在此处描述的方法,风险性很高,如果没有一个清晰的入场和出场计划,那么更加难以运用。再次重申一遍,要想有效使用这种策略,需要很高的技能水平。这也是我为什么力劝你首先做模拟交易的原因,当你感觉准备充分之后,再进行实际操作。

需要牢记的规则
- 在你足够熟练之前,一定不要尝试摊平操作。
- 在进行摊平操作时,一定不要超越你的风险阈值。
- 仅对你能够持续获利的股票使用摊平操作。

第11章

赌博与即日交易

　　赌博是一种不断下注的行为，它是一套关于胜负几率的系统。几率是某个事件将要发生或不发生的数学可能性。几率在赌博过程中起关键作用。相反地，即日交易或即日投资，则是一套可控性高很多的系统，该系统本身会影响其结果——而且没有赌客们对致命的数学几率的依赖。

　　如果赌场中的一位赌客打算做即日交易，那么他可能认为这种工作就是赌博。如果他真的不知道自己在市场中做什么，那么上述假设可能是千真万确的。随便问一位专业的即日交易者，他是否自认为是一名赌客，大多数情况下，他的反应便是，"你是指我是一名新手的时候，还是指现在我已经比较有经验的时候？"

　　在本章的后面部分，我将解答上面这个问题。

　　赌客们在赌场中来回穿梭时，在任意一台赌博机或任意一张赌桌前，他们赢钱或输钱的可能性都是相同的。他们都希望战胜几率。的确，有些玩家非常老练，他们的预测技术非常高明，他们会比新手们赢得多一点。即便如此，他们也仅仅是在赌博，他们让自己的命运在风中摇曳，因为在赌博时，风险是不可控制的，胜负的可能性总是各占百分之五十。每摸一把牌，每掷一次骰子，或者拉动一下老虎机的手柄，赌客们希望所寄的，都是纯粹而简单的可能性。赌博所花的钱可能数目不同，但玩家们在离开时却只有两种可能，或者洋洋得意，或者强忍悲痛。

　　表面上看来，即日交易中的胜负几率同赌博是一样的，但是进一步观察表明并非如此。交易者并不像赌客们那样完全凭运气，他需要关心如何使风险最小化。即日交易中的风险比赌博的风险更加复杂，而且更加易于变化，交易专家们正是利用这种风险赚钱。

　　为什么说即日交易不是赌博呢？主要原因如下：价格波动总

97

是不断变化的，没有固定的概率。这种情况便确立了持续获利的偏向，而不是非赢即输那么单纯。

在赌博时，只要下了注，你的任务便完成了，接下来你只能站在边上干瞪眼看着，等待骰子停下来。而在即日交易中，即便是完全凭直觉交易，在交易过程中，你仍然拥有选择的权力。你的优势是计划，而不是几率。所以，即日交易中的挑战便是获得一套对盘中股价预测尽可能准确的系统。

即日交易专家有点像赌场中的通灵人士。通灵人士们玩轮盘赌时，他们能够预见结果。在庄家喊出最后的赌注之前，他们能够意识到球将停在何处。他们确信球将停在哪个数字上，于是把所有的钱都压在那个数字上。

在赌场的幕后，都有人专门监测是否有天才预言家的出现。一旦他们发现一个，就立即把他赶出赌场，并且以后不准他再进入赌场。

即日交易者不是通灵人士，但是他具有类似的选择权力。他能够看到价格运动，就像观察赌桌上的小球旋转一样。虽然他不具备神秘的力量，而且永远不会完全确定价格将停在何处，但是他们能够在交易的过程中对风险进行调整，类似于通灵人士在球仍然旋转时所做的调整。

假设你凭直觉胡乱买了一支股票。购买的理由很简单，就是你比较自信地认为它的价格会继续上涨。你正在做的，就像是下注，你可能感觉是在赌场中。

但是不同之处在于：即便你是完全凭直觉买入的，也仍然拥有选择的权力，而这种权力在赌博时是不存在的。此时，一切变得有趣起来。正是风险管理把即日交易者与赌客区分开来。

正如我在第6章"风险管理的重要性"中所提到的，即日交易者有几项重要的选择权：

- 随着股价上涨，你能够投入更多资金。
- 如果你发现股价向对你不利的方向运动，那么你能够抽出部分资金。
- 你能够预先设定止损位和利润目标。
- 你能够改做其他股票。

98

- 你能够继续持有（盘中），直至股价回调（注意：只有交易专家才可尝试这样操作）。
- 你能够摊平你的头寸（也是只有交易专家才可尝试这样操作）。

当被问起赌博与即日交易的关系时，专业的即日交易者可能会告诉你，大多数交易新手实际上是在赌博。他假设交易新手们仍然没有掌握风险防范策略，然后不能持续获利。他知道，交易新手们对风险管理的无知，使他们的交易特别像掷骰子。

我注意到，一位专业的赌客可能有类似的见解。他会说，你需要专注，在操作时要严格按照预算。他那样说应该是对的，但同时也反映出几率是非常直接、非常简单的。他几乎没有提到风险管理，因为在赌博时，你不能改变几率。

相反地，每位专业的交易者都有一套个性化的、严格的风险管理系统。大多数交易专家在确定对风险的暴露水平时，都保持一定的一致性。第13章"保持一天内交易的一致性"和第7章"过度暴露于市场的危害"，都强调了坚持有效计划的重要性。

现在，我希望你永远不要忘记这一点：每次我在交易中大笔亏损，都是因为我在赌博。

我希望坦白地承认，即便作为一名交易专家，在过去我偶尔也会放弃我的风险管理系统，几乎是破釜沉舟。

我像往常一样，每次只交易100股，并且持续获利。然后，有些事情发生了。可能是厌烦，或者是赚更多钱的压力，或者只是贪婪的一次随便袭击，不管是什么原因，都从心理上控制了我。我突然之间违背了自己的规则，开始每次交易1000股。

我应该注意到，我的暴露水平是习惯风险的10倍。我知道我已经打破了经过检验、安全一致的惯例——我把自己的建议与垃圾一起扔到了门外。

但是我渴望金钱——大量的金钱，那时，我什么都不在乎了，我不在乎是否是在赌博。当时就像在赌场中一样，我可能输掉所有赌注。

我把上述摊平策略或盘中持有策略都判处了死刑，因为买入那样多的股票，早已令我头昏脑胀。于是，每次进入交易，我都希望并祈祷股价在向对我不利的方向运动并将我毁灭之前，向对我有利的方向运动。

这纯粹就是赌博！只有一半的胜算！

如果股价对我不利，那么我的麻烦就大了；如果股价上涨，那么我非常幸运。

大多数情况下，股价运动都对我不利。我的确很快赚了些利润，但如果股价下跌得非常迅速，我已经买入1000股，而每股下跌1美元，那么我将亏损1000美元。

当时，我习惯于交易每10分钟波动1美元的股票。

现在，在10分钟之内，我可能不得不忍受1000美元的亏损。

从好处说，我得到了一个很好的教训，即便价值不大：尽管我以那种疯狂的方式做即日交易，仍然比赌博要好，因为我赔得要慢一点。想象一下：如果你在玩21点的牌桌前下了1000美元的赌注，你的钱可能在不足10分钟的时间内便付诸东流了。在庄家发牌的30秒内，它可能就消失了。

想想赌博时赌客们感觉上的无能为力，他们是机会主义的不幸受害者！再想一想瞬间发生的灾难！

那就是赌博。

每当我打破自己的一致性，我就从即日交易者沦落为赌客。输掉一切花费多少秒钟或多少分钟不是问题的关键，关键是，我陷入了赌博的深渊。永远不要忘记这句话：运气是赌客最好的朋友，不需要运气是即日交易者的特点。

需要牢记的规则

- 在开始即日交易之前学习风险管理，否则你就是在掷骰子赌博。
- 在实际交易的开始阶段，不断练习风险管理技巧。
- 坚持利用即日交易提供的重要选择权，这些选择权在赌博时是不存在的。
- 切记，永远不要问自己今天是否感觉很幸运。

即日交易的真相

Intraday Trading
Truths

这一部分汇集了大量的建议与警告，可能增加你的盘中成功率。为了充分理解本部分的内容，你必须首先非常熟悉前面章节的内容。

这一部分所包含的章节，描述了典型的即日交易错误。我围绕即日交易一致性的最基本要求，对技术问题进行了阐释。我还提供了一种选择交易股票的系统化方法。这一部分以如何应对新闻结尾。

第12章

为什么有些交易者
犯的错误较多

你能够取得工商管理硕士的学位，能够通过价格昂贵的强化即日交易培训。但这些训练就能使你成为一名即日交易者吗？

不能。

正如我在前面所讲的，只有当交易变成你个人的事情，用你自己的资金交易时，你所学的东西才会被消化吸收为自身的东西。你的宝贵经验要么来自颇具启发的毁灭性错误，要么来自顾问的帮助，别无他途。

我把情绪陷阱的讲解放在第一部分，绝不是偶然的。我首先重点讲解它们，因为它们是你成败的关键。即日交易者所犯的错误，大多数都与自毁心理有关，而自律是强有力的抵抗手段。

在交易时，我们都面临情绪问题。我们都不得不平息内心的风暴，尽量避免代价高昂的失误，而且还必须坚持不懈地交易，即便刚刚遭受毁灭性的损失。令我们感到心安的是，我们只要坚持使用风险防范措施，那么几乎每一次亏损都是可以避免的。成功的专业交易者是非常达观的。他的自信来自于他从大错中快速恢复的能力，并且决定永远不会再犯那样的错误。那种意志的力量使他越来越成功。

然而，那种专家有时也会犯错。有些专家犯的错误比别的专家要多，现在我们来看一个令人激动的自然选择的例子。每笔交易都有买方和卖方，有一位赢家，便有一位输家。根据残酷的达尔文进化论，市场中总有一方不断遭受严重打击。无论何时，只要某个人亏损，另外有个人便会获利。每次你从一笔交易中获利，都是从另一位即日交易者的错误中赚钱。你选择了正确的价位，而另一个家伙要么计算失误，要么就是动作滞后了，他的失误或犹豫使你获利。

如果价格向一个方向快速运动，那是因为许多买家或卖家在那个方向交易，而且成交量很高。此时，你需要知道的就是股价可能在何时反转。于是，如果你选择在向下的卖压中买入，那么最好能够正确捕捉到底部。

如果你未能正确捕捉到底部，那么你在这笔交易中的亏损，便成了在你的止损位处做空的交易者，或者选择在亏损极小时出场的交易者们的利润。

反之，如果你正确捕捉到底部，那么你就会从那些卖空者手中获利，因为在价格开始回调时，他们未能及时补仓。

这些与从你的错误中汲取经验教训到底有什么关系呢？是这样的，如果你发现自己亏损，那么你应该知道自己做错了什么，而且应该知道赢家作对了什么。为了继续交易，并且避免重复犯错，你需要那种正反两方面的观点。

为了做到那一点，你需要检查分析每一笔亏损交易。你需要问自己，为什么在那一价位卖出或买入，并且需要知道别人为什么没那样做。记住一点：并没有即日交易阴谋。在你的电脑中，并没有一个"小怪物"在专门与你作对。那个"怪物"正坐在他的显示器前，与你交易相同的股票。当他的交易方向与你相反时，你们当中只有一个人是正确的。

所有的即日交易者都在为获得最佳入场和出场价位而战斗。在为了正确价格竞争时，你的任务便是作出一些具有洞察力的预测。为了帮助你消除不好的预测，下面列出一些需要重点考虑的因素。交易者常常在下列方面做得比较混乱：

- 选择候选股票
- 不够专心
- 不关注市场运动的新闻

谨慎选股

谈及股票选择时，大多数即日交易者的选择范围几乎是整个市场。他们确定候选股票的依据是比较弱的，并且很容易变化，因为他们仍然没有稳定的交易系统。他们没有认识到，首先要制定交易系统，然后才选择股票，因为交易就是利用适合你自己交易风格的股票赚钱。

相应地，如果你习惯了某支股票的运动节奏和幅度，并且做得比较成功，那么应该选择类似的股票。（第14章"股票选择：简化工作过程"对这个概念进行了详细阐述。）

大多数拙劣的交易，都是因为初学者试图交易自己不熟悉的股票而造成的，因此我认识到，错误是很难避免的。我们必须从某支股票开始，对吗？

是的，但那并不意味着你应该在未经检查与评价的情况下，便选择交易股票。我还是一名新手时，有好几次都因此受到了惨痛的教训。我亏钱的股票大多数都是在交易前一天晚上选出的。在第二天，我就像个傻瓜一样开始交易它们。其实，我应该先分析它们，起码要花几天到几周的时间。

最后，我认识到，对于不熟悉的股票必须谨慎选择，直到我感觉对它们有信心，才能放松对它们的警惕。然后，我对它们的交易才逐渐变得积极起来。实际上，我现在成功交易的许多股票，刚开始都差点令我破产。这一点特别像学着应付游乐场的小混混，我用我的大脑打败了他们。

在那段时间里，如果我发现一支新股票具有令我满意的特征，我会慢慢地考核它。我总是处于全面戒备状态，非常紧密地盯着它，却并不交易。就像当我站在喷泉边上时，要确保小混混没有在我身后，我一直使危险处于可视范围内。

最后当我选择交易那支新股时，我可能在一整天的时间里只做一笔交易，并且只有100股，只赚20美元。（当然，我会同时交易已被确认的股票，并且非常积极。）

对于自己不太熟悉的股票，保持耐心是非常必要的，一定不要任意用它们去替换那些令你亏损的股票。首先，你必须认真仔细地检查它们。你应该把所有的新股票看做是小混混，或者是新来的同事，甚至像是第一次约会。

在经过仔细分析之后，你可能发现那支新股票不适合做即日交易，这就是为什么一开始就要严格限制交易规模的原因。股票选择是即日交易新手们最容易犯错的领域。所以还是小心谨慎为妙，我的战友们。

专注，专注，专注

不能集中注意力是初学者的另一个弱点。在受过几次伤害之后，培养高度专注能力的需求，已经深深印在了即日交易者的脑子里。一个经典的例子是，交易者只走开几分钟，或许是去做一个三明治，或者是去洗个澡，当他回到电脑前时，却发现在他不在的短短时间里，他的股票已经暴跌。

在图12.1中，这支股票在下午1:30之前，都在一个很窄的区间内运动，然后向下快速突破。如果你恰好没有注意到这次快速突破，那么你可能会损失惨重。股价在几分钟的时间里下跌了整整两美元。

应该提前设置一个止损，对吗？那是正确的，但是如果你能够全神贯注地坐在那里，耐心等待出场点，那么很可能产生许多极棒的交易。并非所有交易都应该自动止损或获利了结，有时，如果你能手动设置出场，结果将会更好，因为你没有时间却设置了限价订单。你的交易只持续几分钟。另外，有时你的利润目标永远都未被

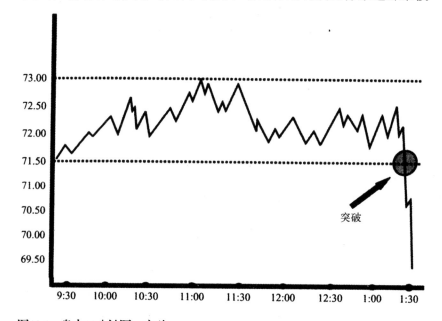

图12.1　盘中30分钟图：突破

击中，所以你最好还是坐在那里盯着股价的变化，以便作出调整。

无论是哪种情况，你都不应该让你的眼睛离开交易！数不清的心理问题都能分散你的注意力，它们都会不声不响地靠近你：与你的家人说话、查看电子邮件或者打瞌睡……所有这些分心的事情都会破坏你的注意力。

在交易时，你实际上应该处于一种沉思状态。那一点都不夸张，我真的认为你应该处于一种催眠状态。那种精神状态，将使你完全进入交易的节奏。每一秒钟，你的Level 2报价，以及1分钟、5分钟和15分钟图都在显示实时数据，那些数据正在对你说话，你应该用心地听。对于你和显示器之间的对话，一个字你都不能错过。

以前，我常常因为一些无关紧要的事情而分散注意力，每次几分钟的时间，结果造成很大损失。我在一条狭窄的区间内交易，我发现自己变得厌烦起来。我的思想开始开小差，我要休息5分钟，于是，我去厨房找点吃的，或者去打个电话。

当我返回电脑前面时，我发现股价已经突然跳高，然后又回落到原来狭窄的区间内。于是，因为我未能专心交易，所以错过了一个赚钱的机会，而这是市场拱手相让的美餐。

从图12.2中可以看出，股价在整个上午都在70美元和71.50美元

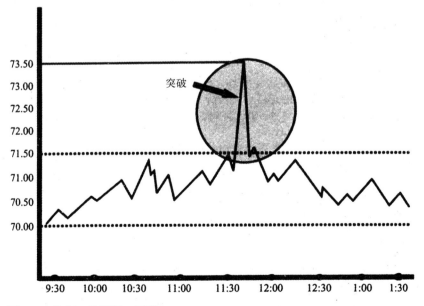

图12.2　盘中30分钟图：回落

之间波动。当它突破狭窄的交易区间之后，快速上涨了2美元。5分钟后，股价又回落到原来的区间。

不能专心，会使即日交易者受到惩罚，那就像士兵因警惕性差而被击中一样有害。处于自雇状态时，你应该把这个问题看做一个陷阱。有老板在你周围巡视时，你不敢松懈和怠工，而你的老板却是自己。你不得不时刻牢记，你正在工作，你所面临的挑战是保持专心，除了你自己之外，没有人帮你集中注意力。

注意市场运动的新闻

不关注市场运动的新闻也会严重影响你的交易。你可能整天交易一支股票，而且它的波动节奏和幅度都很一致。但是，当出现一些公司新闻，或者重要的市场公告时，你的股票便会向一个方向迅速运动，但愿不会对你不利。

你应该着手准备那种情况的出现。

当美国联邦储备委员会（Fed）公布利率的上下调整时，你应该倍加关注。作为一名初学者，我不知道联邦储备委员会对市场的影响有多大，对公司的资产负债表，我也是一知半解。我当时正在一笔交易之中，联邦储备委员会公布了它的调整意向，整个市场立即陷入混乱之中。那种情况可能持续大约半个小时，无论我买的是哪支股票，都会跟着运动，而且总是令我止损退出。

公司收益是另一种会对你的交易产生重大影响的新闻。如果你正在交易的股票出现盘后收益报告，或者第二天早晨的盘前收益报告，你都会看到波动性的上涨。股价运动的方向将很难判断。同时，行业板块的领跑股在发布公司收益后，可能直接影响你的股票。举例说明，假如你正在交易一支软件公司的股票，而且该公司的资本总额为中等。你在交易中时，微软发布了它的公司收益，你所交易的公司很可能会受到微软收益的影响，相应地，你所交易的股票可能暴涨或暴跌。

但是，有些新闻最好置之不理。当新闻是股价运动的主要因素时，你一定不要交易，等待股价的波动性减弱后再做打算。通过等待，你将避免被市场的烈焰灼伤。

你有多少次看到过这种行情：重大新闻发布后，股价在头5分钟内暴涨10%。比如，一支50美元的股票上涨5美元，达到55美元。然后，在接下来的5分钟里，你又看到股价回落了大约4美元。如果在那些时间交易，很容易会被市场踢出，令你伤痛欲绝。为什么要那样伤害自己呢？

对于即日交易者必须应对的新闻，我在第15章"为什么新闻可能只是噪声"中进行了详细论述。

记住一点：你所学过的最宝贵的课程，将来自你自己所犯的重大错误。在本章当中，我已经讲了一些常见的错误。注意你犯的是哪些错误：对它们的分析就靠你自己了。你的失误是非常昂贵的课程，所以应该从中汲取教训。不要对它们不屑理睬，如果你对自己的错误不予理会，那么你将是犯错最多的即日交易者之一，而且是屡错屡犯。

需要牢记的规则

- 一定要盯紧自己的交易！
- 记下你所犯的每一个错误。
- 你的错误使另一个交易者获利，所以弄明白他作对了什么。
- 集中精力把那些常犯的错误根除。
- 对于自己的错误，不但不能置之不理，反而要从中学习，不断成长。

第13章

保持一天内交易的一致性

没有什么事情比一整天都在赚钱，却在最后的10分钟输得分文不剩更糟糕了！如果要想摆脱那种噩梦，就要找出造成严重亏损的原因。而原因却可能是极为简单的：你破坏了自己的一致性。

那种原因对我来说是真的。

回想刚开始做交易时，有几次恶性亏损是在即将收盘时发生的。那几次亏损，突然使我觉醒，我开始面对自己的失误，从而认识到了稳定的重要性。现在，拿一支记号笔和一块招贴用纸板。

做一个牌子，写上几行大字，如下图。

把这一个牌子挂在显示器后面的墙上。

我开始像一个专家一样交易时，我一直是以100股的规模交易几支选好的股票，比如大都会人寿（MET）、百事可乐（PEP）和Amazon.com（AMZN）。对于每一支股票，我只看1分钟图，当股价到达支撑或压力位时，我便进行买卖。我的盈亏幅度在10美元到20美元之间，即股价10美分到20美分的运动。

大多数情况下，股价一般在主要支撑/压力位反转，我将在获利

一致性规则。

如果有效，坚持使用一整天！

10美元到20美元时平仓/补仓。我在一整天的时间里都这样操作。我不会把交易规模提到200股或500股，我坚持一次只交易100股。如果股价向对我不利的方向运动，浮亏超过20美元，我也总会止损平仓/补仓。该系统看起来基本上是完美的，它的确是完美的。

但是正如你所看到的，我有时会偏离它，并且错误地闯入雷区。

如果某天做了40笔完美的交易，只要犯一次错误便会把所有利润都输掉。我应该知道，我其实比看起来知道得要多。

当我以100股的规模交易时，我有时会变得非常烦躁并且（你可以猜到）过度自信，于是，对于当天交易的股票，我一次买入200股，甚至500股。在每次交易100股时，我做了一些漂亮的交易之后，变得浮躁起来。

几乎每到这个时候，股价便对我不利，然后（你又猜对了）我坚持持有。看起来是无路可走了——我很快便超出了20美元的止损——然后恐惧因素又闯了进来。我计划着一直持有，直到股价返回我的损益平衡点为止，但几乎每次都未能如愿以偿。我会继续持有，即便每股已经亏损了1美元，对于200股来说，那就是200美元。

于是可以这样形容那天的情形，刚开始的时候我是一直跑着上山的，在快要收盘时，我却头朝下栽进了山谷。当以100股的规模交易时，我差不多做了40笔好交易，每笔盈利10美元到20美元。当时我赚了大约500美元，然后却被我浪费掉了。只要一笔规模为500股的交易，任由股价向不利方向运动1美元，就可产生这种灾难！

能够改变那种悲惨状况的唯一方式就是认赔，卖出所有的500股，以保证那天不赚不赔！

尽管我赔了很多，却有一点收获：我缓慢但真正地培养成一种一致性的品质。我坚持不懈地改正自己的错误，这本身就是向正确的方向迈进。我很早就认识到不要持有头寸过夜，然后我又学会了一个交易日结束时使用止损。在这个过程中，虽然屡遭打击，但是我逐渐变成了一位即日交易专家。

现在我希望你停下来读一下这句忠告，并且记住它：大多数新手都会制造各种各样的借口，去持有亏损的头寸，尤其是隔夜头寸。学会永远不那样做，是初学者的第一课，也是最重要的一课。

在学完这一课之后，那位初学者往往是步履蹒跚地离开。

下面，你需要再做一个彩色的警示牌，挂在靠近办公桌的墙上。要把字写得足够大，并且要与眼睛的高度一致：

一定不要持有亏损头寸过夜！

当你的交易水平比较高，已经不需要它时，再把它摘掉。然后把它传给你的堂兄弟，就是上周刚开始做即日交易的那个。但是，要在你知道那条规则必须被坚定不移地遵守之后，才能把它送给你的堂兄弟。持有隔夜头寸具有极大的不确定性，这就是不要持有的原因。你已经学会接受亏损，继续交易，而不是持有隔夜头寸。

你应该总是在收盘前卖出。如果你坚持遵守那条规则，那么你就向成功即日交易者又迈出了一步。

那听起来相当简单，不是吗？是的，完全正确。留神，注意，坚持使用一种即日交易方法是极难掌握的——像往常一样，问题的关键仍然是掌握你自己。坚持你的系统，永远不要偏离。嗯，我想对于有些人来说是容易的。对于那些思想完全单一或者极度反对冒险的人来说，可能只会遭受极小的亏损。但是，你可能是一个典型的意志不坚定者，天生喜欢试验与赌博。诱惑和贪婪可能开始侵蚀你的思想，就像饥饿与性欲一样。

我认识到，这是一种两方面的挑战，我必须控制自己，也必须理解市场。很快，一个事实变得明朗：除了发现我能够用100股或200股的规模整天获利外，我还认识到，关键问题不是股票的数量，而是暴露于市场的程度。200股的交易规模，比起100股，使我的暴露程度增加了一倍。也就是说，如果我习惯于在每次交易100股时接受20美元的亏损，那么在每次交易200股时，我需要逐渐习惯于接受40美元的亏损。

每位交易者对止损点都有不同的承受水平，所以我的意思并不是说，100股10美元的止损额和200股40美元的止损额，适用于每个人。我想强调的是保持一致的重要性，要坚持一种有效的交易模式。

举例说明，如果你有一套百分比止损系统，那么同样也是可以使用的。比如说你现在有一套系统，当盈利达到10%时便获利了结，并且具有止损规则。如果你买了100股价格为10美元的股票（1000美元），那么一旦股价到达9.50美元（亏损50美元）或者11美元（盈利100美元），你便卖出。

关键是习惯于你对亏损或盈利的承受水平，并且坚持不变。在上面的例子中，你的止损规则为5%。你拥有100股10美元的股票时，如果股价向不利方向运动，亏损50美元时，你便止损退出。然而，当股价上涨时，根据10%的利润目标，100股10美元的股票将给你带来100美元的利润。

确保不要做任何变动。举个例子，如果你习惯于交易价格为10美元的股票，那么就一直交易价格在10美元左右的股票，而且每次只交易100股，从而不会陷入一种考验你承受水平的境地。你希望避免那种令人头痛的考验，特别是在中午。

这里有一个例子，可以说明即日交易是如何令你头生白发的：在经过7笔盈利交易和8笔亏损交易之后，你净赚了300美元（在一种稳定的交易模式下，那就是盈利700美元，亏损400美元）。然后你决定改变选股策略，在那天中午前后，你买入一些价格为30美元的股票。与你一直交易的、价格为10美元的股票相比，那些股票的价格增加了两倍。下午，你任由那些股票的浮亏达到了150美元，对于100股价格为30美元的股票，那是5%。你希望赚取300美元的利润，即100股价格为30美元的股票的10%。

从这个角度来看，你的策略保持了一致性，但进一步分析，并非如此。改变的地方是你必须调整自己的承受水平。交易一支10美元的股票时，你已经习惯于50美元的止损额和100美元的利润。现在，在交易一支30美元的股票时，你得使自己接受三倍于原来水平的考验。

有一点我敢保证：等待股价达到那些利润目标和止损位要困难得多，你很快便会改变自己的出场点。对于系统的任何偏离，都是不一致性的表现，一旦失去一致性，你和你的交易都会受到伤害。

一致性不仅仅是习惯的力量，或者是坚持一种交易模式的原则，它还包括现实的自信程度，贯穿于整天的交易中。如果你能够保持一致性，那么很少会令自己感到焦躁不安，也很少会去冒致命的风险。你可以选择任意价位的股票，你可以用良好的止损系统，你可以以任意规模交易，只要你不过度暴露。成功的关键是：无论你选择什么交易模式，在一天之内都要保持一致。

需要牢记的规则

- 找出你的承受水平，并且对止损和获利规则进行相应的调整。
- 严格要求自己在一天内按相同的方式交易。
- 永远不要持有头寸过夜！

第14章

股票选择：简化工作过程

注意！不要认为本章便是你需要的全部内容！本章讲的是如何选择股票，而不是如何交易股票。不过，初学者可能认为股票选择便是"金鹅"策略中那支下金蛋的鹅。初学者可能在读过目录后，便直接翻到了这一页。

那将是一个巨大的错误。

相信我，你需要阅读整本书，股票选择只是掌握即日交易过程中很小的一个方面。比如，在你阅读本章之前，我希望你已经知道，选择了一支前景不错的股票，并不意味着你可以在交易规模大于100股的情况下安全地交易它。

好消息是，股票选择是即日交易中最容易跨越的障碍。在具有明确定义的指标和先决条件之后，选择用于即日交易的好股票，是轻而易举的事情。可靠的分析会带来良好的结果，并且在整个股票选择过程中都有所帮助，我把一些重要的标准汇总如下：

- 平均每日成交量（在最近三个月的时间段上计算）必须在100万股以上。
- 股价必须在10美元和100美元之间。
- 盘中价格波动必须满足即日交易要求（可以通过图表分析证明）。
- 必须不受政府法规和（或）批文的影响。
- 当前必须没有头寸新闻会直接影响到你所选的股票。
- 你所交易的公司，必须是不可能在近期内破产的。

如果你遵守上述所有规则，你将发现值得交易的股票。根据这些要求，很容易便会作出明智的选择。

坚持遵守这些规则，你将得到两方面的益处。第一，这些标准

115

帮你滤除了风险很高、不值得冒险一试的股票，以及不适合即日交易的股票。第二方面，也是最重要的，当你坚持那样谨慎选股时，你会确保在当前交易系统中的持续一致性。想象一下，如果你不断改变你的选股规则，那么你的交易风格也随之改变，而我在之前已经证明过，随意改变是不好的。

当你看完上述列表之后，你可能会想，是那样吗？每股收益（EPS）、增长率，以及其他基本面信息，都到哪里去了？

记住一点，你不是一名投资者，你是一名即日交易者，也就是说你不会持有头寸过夜。对你来说，没有必要自找麻烦，像长期投资者那样关心基本面。你所需要关心的，就是影响你所选股票盘中价格运动的那些因素。

让我们对上述所有标准进行详细说明。

你的股票的平均日成交量必须在100万股以上

你所选的股票，平均日成交量（在最近三个月的时间段上计算）必须在100万股以上。到目前为止，这是最关键的因素。确保你分析的是最近三个月的平均值。如果你只观察某天的成交量，你得到的只是市场在那一天的一张快照，成交量可能仅在那一天放量。

你需要找出那些交易一直比较活跃的股票，平均每天的成交量在100万股以上。你可以只观察一份三个月的图表，确保在这个时间跨度上，日成交量一直大于100万股。

如果成交量未能满足要求，那么就把它排除在外，或者说忘掉那支股票。

我不关心公司已经推出多么酷的新产品，或者《华尔街日报》对它的评价。忘掉那些东西，只选择符合列表要求的股票。考虑一下：如果公司那么好，为什么成交量那么低呢？低成交量意味着人们对它不太感兴趣，我们希望交易人们比较感兴趣的股票。你的股票每天至少要有100万股的成交量，这也是因为流动性的问题。流动性是交易活动或交易兴趣的一个指标，股票的流动性越高，造市者操纵交易活动的可能性越小。

造市者指的是，在某一天对于某支股票来说，买卖量占成交量绝大部分的交易者。他们操纵价格的最好例子，可以在低价股票中找到。当你使自己暴露于低价股交易活动之中时，我真不知道怎样形容那是多么冒险的事情。只要一点资金便可以买入低价股，某支低价股的成交量也可能超过100万股，但是，如果每股只有20美分的话，一位造市者只要20万美元便可控制那天100万股的成交量，这就意味着流动性将非常低。如果你用5000美元交易，我能保证，造市者们将与你的买入方向相反，并且从你的亏损中获利。这就是为什么你看到低价股（股价低于10美元的股票）的盘中价格波动会达到25%至100%的原因。那简直就是精神失常！这便是造市者们强行进入，操纵价格波动以获得巨额利润的结果。

所以一定不要用低价股做即日交易。

如果你有一卡车的钞票准备烧掉，当然可以疯狂一下。20支低价股中，大约有一支会上涨，你当然可以从中获利。但是，你真的希望利用如此微小的机会吗？你真的希望赌一把吗？

简而言之，我说的就是避开低成交量的股票，以及具有高成交量的低价股票。人们对这些公司的兴趣非常低。如果华尔街的精英们不以很大的规模交易那些股票，那么你也不应该交易它们，除非你确信自己知道华尔街精英们不知道的一些信息，如果那样的话，我只能说，祝你好运！

选择价格在10美元和100美元之间的股票

你选择的股票的股价必须在10美元和100美元之间。如果某公司的股价高于10美元，通常表明其运营状况良好，并且倾向于具有良好的流动性。

大多数价格在10美元以上的股票，都一直被证实具有良好的交易记录。不像低价股，它们的价格运动历史是好的，那表明它们不会出现戏剧性的波动。例如，你不必担心股价会在一天内跌去25%。

但是，价格超过100美元的股票却常常具有很高的波动性，回调的可能性非常大。即便每次只交易100股，也会过度暴露。我建议你不要交易价格超过100美元的股票，作为一名新手，不要那样做。

价格在10美元到100美元范围内的股票，一般具有比较稳定的盘中形态。你会发现，价格在10美元到30美元的股票，一天内的波动区间通常是50美分，而且每隔10到30分钟，股价会波动10美分。如果你要选一支运动较快的股票，那么试着在50美元到100美元之间选择。这些价格较高的股票，一天内的波幅通常是3美元，在盘中每隔1分钟，股价一般会运动50美分。

在第19章"为技能交易与为收入交易"中，我对如何应对不同价格的股票进行了深入讨论。现在，你只需要记住一点：不要选择价格低于10美元和高于100美元的股票。

选择盘中价格波动值得交易的股票

盘中价格波动必须满足即日交易的要求（可以通过图表分析证明）。你必须确保花足够多的时间分析盘中图表形态，你需要历史价格数据，比如，至少要包括最近三天的5分钟图。

对于一支正在考察的股票，你的目标是决定其盘中价格波动是否具有一致性。我们希望股价在盘中支撑线和压力线之间来回弹动，希望股票具有大量的盘中价格运动。一支不合格的股票，将显示出一个几乎无法识别的运动形态。一张不好的图表，股价在一天中都在横盘运动。

但是，你不希望因为这一条标准而停滞不前，所以把它简化一下：避开那些盘中形态与心脏病患者平直的心电图类似的股票。时刻牢记，如果股价在盘中不波动，那么你就赚不到钱。

如图14.1所示，在三天的时间段内，股价在一条狭窄的3美元区间内运动。股价一直在波动，并且在支撑线和压力线之间来回反弹。

不要交易受联邦法规严重影响的股票

我们不希望交易直接受政府法规影响的那些股票。

生物技术股和医药股都是这类不合格股票的典范。对于那些公司销售受政府法规严重影响的公司，我们不希望交易它们的股票。

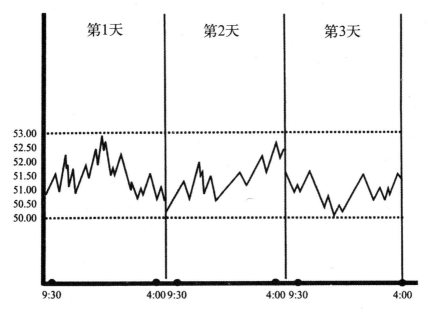

图14.1 盘中5分钟图

一个极好的例子是美国食品和药物管理局（FDA）审批要求的限制。生物技术公司在推出新产品之前，必须获得批准。

如果你正在交易一支股票，而在同一天，FDA决定进行更多测试，推迟了产品的批准，那么我敢保证，股价将在一眨眼的时间里暴跌。

我们希望寻找那些销售日用消费品的公司，比如：

- 沃尔玛（WMT）和Amazon.com（AMZN）等零售商。
- 百事可乐（PEP）和百威啤酒（BUD）等饮料公司。
- 美国高通（QCOM）和微软（MSFT）等技术股。

需要避开的另一种情况是公司合并。对于正在合并的公司，共股票是很难做即日交易的。在合并过程中，将出现杂乱无章的波动性和（或）横盘价格运动。通常情况下，合并必须通过几个政策法规，才能最终达成，我们不希望陷入那些麻烦之中。

注意那些受当前头条新闻直接影响的股票

必须要确保当前没有头条新闻会直接影响到你所选的股票。

你如何获知这一点呢？你可以做一些很好的老式搜索。通过阅读报纸的新闻标题，你可以获得很多关于你所交易的股票的信息。相关新闻越少越好，相信我。

在下一章"为什么新闻只是噪声"中，你将看到新闻是如何分散注意力和引起误导的。我并不是在说所有的新闻都不好，我想说明的是，太多新闻会造成一团不确定性的迷雾。

不确定性通常会把你带入剧烈波动性的困境。

那么怎样辨别新闻的好坏呢？首先，你要浏览每个标题，看是否有与你所选股票相关的。如果你注意到有几个标题谈到与你所选股票相关，它们的日期却不是公司收益发布的日期，那么暂时避开那支股票。一般情况下，在关键新闻日期到达前，那支股票的价格运动将是不可预测的。通过暂时不把它作为待交易的股票，你消除了那可能带来的烦恼。

如果你有一支一直交易的股票，而且战绩不错，但它却因为即将到来的事件上了报纸的标题，那么你就要注意了。如果你感觉必须交易那支股票——如果你不能抗拒它的诱惑——那么至少在事件发生当天和前一天，不要交易它。我们不希望在新闻事件发生前还在交易中。如果你认为自己能够预测股价对新闻的反应，那么你是在赌博，而不是在做即日交易。

你所交易的公司，必须保证它不可能在近期内破产。

咳！

谁愿意投资一家已经宣布破产，或即将宣布破产的公司呢？而事实可能会令你吃惊。

有些冒失的即日交易者（赌客），只交易濒临破产的公司。类似的交易者们通常寻找股价低于1美元的公司。他们交易低价股，而我已经证明那是极端冒险的。

他们的推理过程并不是非常疯狂的，但是我通常把那叫做幼稚：他们认为自己能够买入那些廉价股票，然后持有。他们期待，非常乐观地期待，公司重组后的前景会非常乐观。在此我重申一遍：时刻牢记，我们是即日交易者，我们从不持有头寸过夜。你真的希望交易一支股票，其价格在一夜之间或者在盘中下跌了50%或更多吗？当然不会！

远离那些濒临破产的公司的股票。

现在，你有了一套可靠的股票选择系统，你可以开始做一些即日交易的初级工作了。我建议你在三个不同的价格范围内，试着找出15支股票：10美元到30美元5支，30美元到50美元5支，50美元到100美元5支。一旦你得到了一份候选股列表，你就可以开始监视它们的一举一动，然后逐渐交易每一支股票。

注意：在你读完本书之前，不要开始交易你选出的股票。

需要牢记的规则

- 即便对于很适合交易的股票，也一定不能放松警惕，以较大的规模交易。

- 寻找交易一直比较活跃的股票，在最近三个月的时间段上，平均每天的成交量要大于100万股。

- 一定不要交易低价股。

- 只向你的候选股列表中添加价格在10美元和100美元之间的股票。

- 排除图表显示平直形态的股票。

- 对于产品销售受政府法规影响很大的公司，不要交易它们的股票。

- 在与你的股票相关的预期新闻发布之前，不要交易。

- 远离那些濒临破产的公司的股票。

- 在开始交易你所找出的股票之前，请读完本书。

第15章

为什么新闻可能只是噪声

作为即日交易者，我们只需要那些直接影响我们在盘中交易的股票的信息。下面是我们又需要做的一个牌子：

如果即日新闻直接影响你的

股票，停止交易它！

你很容易竖起耳朵关注那些影响你的股票的新闻，难点是知道何时应该听，何时不应该听。某些类型的新闻会大大影响盘中价格运动，包括盘前和盘后的价格运动，那种新闻值得倾听。

下面列出的新闻，如果与你的股票相关，你在收听时一定要屏息凝神：

- 收益报告

- 联邦储备委员会的利率调整
- 核心产品发布
- 合并会谈
- 集体诉讼
- 破产公告
- 员工罢工示威
- CEO辞职
- 政府干预
- 主要竞争对手领先

如果你未能及时得到上述独家新闻，那么接下来过山车式的价格运动，肯定会令你措手不及。当心！大多数此类新闻在出现前不会有任何警告。如果你不知道它们已经被披露，那么很可能受到最恶劣波动的严重打击，那种无法预料的，恰好是交易过程中的波动性。

反之，对于某些谣传你应该完全忽略。太多关于你的股票的谣传，可能严重破坏你的交易节奏，会对你的决策制定过程造成负面影响。谈及即日价格运动时，你听到的与你的股票有关的大部分传言，都不会对股价造成直接影响。

或许你正沉醉于一支股票的交易中，而对相关公司的一些议论却通过电视广播来到了你的面前。结果是两位教条的分析师，正在辩论公司的未来发展。

你根据从他们的谈话中吸收到的内容，可能被说服多做一些，或少做一些。哎呀，因为这种与盘中价格运动毫无关联的噪声，你已经破坏了自己盘中的一致性和节奏。

过滤新闻的技巧是很难掌握的。作为一名初学者，你非常容易受到影响，你可能缺乏专注。你需要学习辨识哪些新闻将在交易环境中伤害到你，而哪些新闻是没必要关注的，只是噪声而已。

我几乎从不去听分析师们的建议。记住，我们不是在投资，三个月后股票价格是多少，不是我们这些即日交易者们需要关心的事情。

另一方面，你应该记住我在本章一开始提供的列表。它们是至关重要的新闻公告，会立即对你的股票产生直接影响。大多数情况下，你正在交易的股票不会受到那些话题的影响，至少在盘中图表中看不出来。（如果它们受到很大影响，那些你选择的股票不适合即日交易。不断受到新闻影响的股票，不应该作为你的候选股。如果你需要复习一下这方面内容的话，请阅读第14章"股票选择"。）

华盛顿相互（WM）便是一个极好的例子，我们不应该用它做即日交易。在2008年末期，被JP摩根（JPMorgan）清算收购的最后几个月里，几乎每天都有新闻在讨论这家银行的命运。每次分析师们的预测一发布，那支股票就表现出极端的波动性，尤其是当美林公司（Merrill Lynch）和JP摩根公司的分析师们发言时。

在那样一个充满噪声的不确定环境中，如果你还努力去预测那支股票的走势，那么在盘中交易它时肯定会令你疯掉。

为什么要那样伤害自己呢？为什么要在一棵树上吊死呢？

要做即日交易，有数千只股票供你选择。总而言之，在做即日交易时，如果一支股票受到新闻或公告的影响，就不要交易它，这一点是非常重要的。

只交易那些与新闻相关性较低的股票。

根据新闻交易与监视新闻

即便你已经选出一些特别适合于即日交易的股票，也不应该尝试根据新闻交易。不过，对于相关新闻你应该始终保持警觉，我们不希望在坏消息发布时还在一笔交易之中。

有几种方法可以使你做到这一点。在我交易时，我总是把一台电视机放在一边，并且调至CNBC财经新闻频道。我必须提醒你，CNBC发布重要新闻的时间要比华尔街得到那些新闻的时间晚上几分钟，所以，购买华尔街使用的新闻专线是个不错的主意。我已经找到实时性最强的新闻供应商，比如MarketWire，既快速又高效。

除非你与相关公司的公共关系董事有着非常友好的关系，否则你需要订阅直接访问式新闻。一旦订阅之后，你可以对收取的新闻类型进行设置，于是你能够只获取与你的股票相关的那些信息。

我列出的大多数新闻条目你可能不经常听到，但是，你需要经常关注的是收益报告日期。那些日期总是会事先公布，你需要把它们记下来。由于公司收益报告每个季度都会披露，所以很容易找到它们披露的时间。只要打开雅虎财经的网页，点击"新闻"，然后点击"美股收益"标签，输入你的股票代号便可以了。对于每个季度，你都会得到一个准确的日期，你应该知道这些日期，就像知道自己的生日一样。把它标在你的日历上，根据它做一个计划，然后再做一个牌子，用大头针钉在墙上。

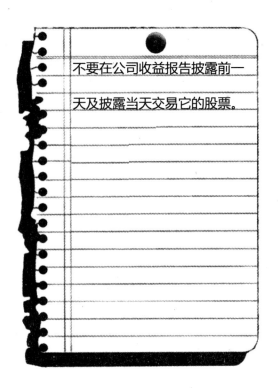

不要在公司收益报告披露前一天及披露当天交易它的股票。

我能够保证，那两天将是那支股票最难交易的日子。你将看到不同寻常的成交量和价格运动，你能够预料到那出乎意料的高波动性。你不应该尝试去坐这趟过山车。对于那支股票，暂停交易两天。在那两天里，你应该还有其他股票交易。另外，当你在一旁观望时，有更好的机会等待股价出现重要的向上跳空或向下跳空。

现在我们再来讨论一下我所列出的其他公告。它们比较少见，但它们真的发生时，你往往会没有准备。如果新闻在中午发布，并且立即影响股价，你应该立即停止交易那支股票。快速退出交易，如果不得已，那就接受亏损。股价下跌的速度可能是你习惯速度的10倍，而且可能在新闻发布后数秒内便达到那样的速度。就像对待收益报告一样，在当天剩余时间里交易其他股票，从而避开那令人不快的场面。

根据新闻交易是非常冒险的，其结果无法预料。但是，交易新手们却很容易把新闻视作一种领先指标，用来预测股价的变动。如果分析师们非常正式地郑重宣布，他认为股价会到达X美元，那么交易新手们可能被说服去按那个方向交易。

不要那样做。

你应该把新闻视作一种工具，而不是一种指标，那么你将会明白，根据新闻交易是一个错误。你的股票图表是股票将向哪个方向运动的指标，而对于新闻，只有当它会直接影响盘中价格运动时，你才应该去关注它。

对新闻的获取是一种非常有用的工具，但是记住，那支是一种工具。当一份收益报告被披露时，你应该知道，在数秒内股价会变得疯狂。除了我在本章列出的信息类型之外，你应该忽略其他那些无休无止、令人心烦意乱的噪声。

需要牢记的规则

- 知道哪种新闻会伤害到你的交易，哪种新闻只是噪声。
- 一定要知道你的股票收益报告披露日期。
- 不要在收益报告发布当天和前一天交易。
- 如果新闻在中午发布，并且立即影响你的股票价格，当天停止交易那支股票。

培训和准备的真相

The Truth about Training and Preparation

我写第四部分的目的，是希望帮助初学者选择与他的技能水平相称的培训课程。我同时讨论了那些培训课程的优点和缺点。

我最终的目的是使你明白，在你从培训班毕业之后，还有大量的知识需要学习。不要期望在培训班得到很多东西，理解这一点是非常重要的。但是这一部分并非仅为初学者所写，对于那些已经有些经验的交易者，我还为他们指出了寻求帮助的方式，避免重复培训的浪费，并且增长专业技能。

另外，在第四部分当中，我还提供了一些关于按每笔交易收取佣金的经纪公司和按股票数量收取佣金的经纪公司的信息，能令你大开眼界。在第18章"模拟交易策略"和第19章"为技能交易与为收入交易"中，你还会发现很多超棒的学习技术。

第16章

关于那些培训课程

在我刚开始做即日交易的那几年里，我在圣迭戈州立大学完成了我的学业。我获得了理科学士学位，专业是市场营销（Business Marketing），有时感觉轻松的有时也感到非常疲惫。紧挨着我放学校课本的地方，我空出了一块位置摆放与即日交易相关的书籍。当有人问我想要什么生日礼物或圣诞礼物时，我的回答常常是关于即日交易的图书。

在那段时间里，我还参加了几个即日交易培训班。

每到一处，我都寻求即日交易的知识，即日交易很快便成了我与每个人谈话的主题。

我注意到，专业的顾问太少了。我的确有几位朋友在股票经纪行业工作，虽然他们自己不做即日交易，但是他们的建议和鼓励使我对股票市场的认识更加深入。

随着我挣扎着通过了危险的新手阶段，我逐渐认识到，我从自己即日交易的切身经历和从那些顾问身上学到的东西最多。即日交易课程和大学商业课程，的确教给我一些很好的策略和交易模式，但是当我用真正的资金交易时，显然真正的知识是从实践中得出的。

请不要误解我的意思。我并不是建议你不要参加任何培课程或培训班——如果你是一名初学者，尤其如此。初学者需要结构化的指导，而那些导师们正是提供了这样的指导。然而，我认为必须提醒你，持续的收益只能来自于实践经验。

在做了上述解释之后，现在我想说一下我对那些培训课程的看法。基本上有两种培训课程，一种是为完全没有经验的新手准备的，另一种是为介于新手和专家之间的那些交易者们准备的。我们首先分析一下用于指导和武装交易新手的课程。

新手们的培训课程

首先考虑的事情是令人吃惊的学费，然后是你打算用那些钱买到什么东西。即日交易培训班要求你提前交上学费。他们收到学费之后便培训你，培训完成之后你就得完全靠自己了。他们在课程结束后不会雇佣你也不会在他们的交易场所给你一个位置，他们甚至没有一个真正的交易场所，也没有自己的交易平台（专用软件），为了赚钱，他们把交易策略和知识灌输给你，然后便把你扔到市场的狼群之中。

如果后来你不幸失败了，那么与他们没有任何关系。你失败了，他们一点损失都没有，所以他们一点也不在乎你的结局。如果你能告诉我有个培训班在你破产后会退还全部学费，那么我会把我的衬衣脱下来吃掉。

但是，如果你是一名初学者，那么就需要从某个地方获得指引。所以，你不得不从那些地方开始。如果你有位朋友是即日交易专家，对于你的无知像圣人一样耐心，并且愿意告诉你其中的诀窍，那么你真是再幸运不过了。

你可能没有那么幸运，很多新手都没有那么幸运。于是，你被迫去寻求那些收费的课程。

从那些培训班获得最多知识的关键，是拿着你的学费，问一些比较细致的问题，比如他们是否在开盘时间授课。那样的话，如果你决定签约，你将亲眼看到他们的交易系统在开盘时间的真实测试。另外，希望你培训班的导师自己是积极的即日交易者。我们都不希望听那些不做即日交易的导师讲课，除非他们是积极的即日交易者，否则不要签约。在这部分讨论结束后，你将发现一个非常有用的问题列表。

我开始时，参加了几个那样的培训班，很快，它们的优缺点就暴露无疑了。下面是一些必须仔细考虑的要点：

优点

- 在一个引人注目的结构化环境中，你被传授了一种专用的交易方法。

- 一位受过培训的老师回答你的所有问题。
- 你获得了一些实际操作的经验，通常来自开盘时间的实际交易。

缺点

- 这些课程一般都非常昂贵，学费从1000美元到7000美元不等，而且一点保证也没有。
- 培训时间通常只有一周或更短。
- 这些课程不会教你怎样与按每笔交易收取佣金的经纪人合作。

表面上看，这些优点的确不错。你将获得一些实际的培训，他们教你如何使用他们的系统，向你展示图表形态的阅读方法，把那些只有华尔街精英才使用的信息填满你的大脑。另外，他们还向你展示了几种专业的交易策略。

同时，大部分培训班都有人数限制。每十到二十位学员，一般至少配备两位导师（虽然并不总是专业的即日交易者）。你感觉自己正在接受个性化的培训，在一定范围内，你是的，那是他们的一个卖点。

如前所述，大部分培训课程在课堂上都会包含一些实际交易。在前两天里，他们向你展示如何使用他们的系统。在你学会之后，你就使用它交易。通常，他们让你依据他们的系统选择一支股票，然后进行模拟交易，或者让你使用专用资金在他们的示例软件上交易。

那些导师们站在你的背后指导你。他们有效地确保你——他们的学员——正确使用他们的系统。

到此，一切听起来棒极了！

但是，现在我们来讨论一下那些课程的缺点。

第一个明显的缺点：高昂的学费。如果你目前负担不起那些费用，就应该推迟培训，直到攒够钱为止。为了参加那些培训，不值得你倾家荡产。

当有一天，你真的能够扔给他们一些钱，或者很自信地拍打着一张信用卡时，你就可以做非常仔细的核查，并且理解所有的限制。这是一种投资，就像上大学一样，选择一个合适的大学是非常必要的。这些学费与州立大学的学费比并不多。

你可能认为，那些学费真的很值，因为你所学的东西很快便会令你大把获利。那些课程的推销员没有暗示那一点吗？他实际上不是在做保证吗？

但是他没有提供任何保证，不是吗？

现在我们看一下培训的周期。你打算支付一笔高额的学费，只上几节课，从培训班走出来时便成了一位专家。你打算在几天或几周后把学费全部赚回来。

是的，完全正确。

不过，你必须变成一位交易老手，才能以那样快的速度赚钱。回想一下第4章"从焦躁不安到沉着冷静、泰然自若"。如果你是一名初学者，重新读一遍第4章的内容，再仔细品味一下我的重大失误，那种失误令新手们赚得非常少（如果他们赚钱的话）。

对于新手来说，赚回学费可能要花一年的时间。或者你又在市场中亏损了那么多钱，就像是学费加倍了。所以，在这一阶段，我重要的建议是：你走出培训班时，把自己的期望放低一点。这是我从第一部分开始便给你的一个提醒，一定要时时牢记。

现在我们来分析我列出的最后一个缺点，但并非是最不重要的一个：大多数培训课程都完全略掉了有关按PPS交易的内容。对此，我有一个问题。

在接下来的一章中你将学到，对于即日交易者来说，按股票数量支付佣金，比按每笔交易支付佣金要合算得多。那是因为专业的即日交易者每天要进行多次交易，如果按每笔交易收取佣金，那么佣金要高很多。

我怀疑大多数培训班忽略按每笔交易收取佣金的内容，是别有用心的。我怀疑这与大量的培训班都与著名的按每笔交易收取佣金的经纪人有着特殊交易的事实有关系。

下面是一个例子。我所参加的一个培训班，在全球都设有交易培训机构。在这个世界上的每个地方，每天都有即日交易新手从他们的培训班中毕业。

在接受培训的过程中，我们被要求使用一家著名的在线经纪人，它是按每笔交易收取佣金的。在培训课程结束后，我们被提供了看起来非常棒的优惠：如果我们通过这个经纪人做即日交易，那么对于我们的前1000笔交易，我们只需为每笔交易支付5美元的佣金，而原来的佣金是每笔10美元。也就是说每笔交易优惠5美元，在1000笔交易之后，将节省5000美元。

那基本上就等于培训费用！听起来是一个多么棒的优惠呀，难道不是吗？

我一直没有与那家经纪公司合作。我知道我有更好的选择，按股票数量支付佣金。我知道，如果按每笔交易支付佣金，那么总的佣金将非常高。并且我也知道，与按股票数量收取佣金的经纪人合作时，佣金要少很多、很多。我还知道，每天要交易许多次时，按股票数量支付佣金是最好的选择。

我在考虑，那些刚刚从培训班走出来的交易新手们，很容易被那些打折宣传所迷惑。我开始希望弄清楚那些隐瞒行为意味着什么。我认识到，培训班是一种生意，就像其他每个人一样，是为了利润。但是，当他们蓄意隐瞒信息——比如按股票数量支付佣金的选择会为即日交易者节省大笔资金时，我感觉自己的血液都快要沸腾了。当我想到，并没有人要求即日交易者拥有证书或高超技能的证明，但是按每笔交易收取佣金的经纪人却一声不吭地把我们的钱拿走时，我的血液开始在体内翻滚了。

仅这一点便令我产生怀疑，特别是在我知道按股票数量收取佣金的经纪人会要求他们的即日交易者拥有一些经验时。

公平地说，有些培训课程跳过按股票数量支付佣金的信息，并非只是为了让初学者按每笔交易支付佣金，也是因为按股票数量收取佣金的经纪人不希望与新手合作。但是，我仍然认为培训班的导师们应该告诉毫无经验的新手们，在做即日交易时，按股票数量支付佣金可以大大降低佣金支出。

那么我将对他们少一些怀疑。

所以，要通过各种方法选择你的培训课程。同时，签约时要睁大眼睛，不要成为那些欺骗行为的可怜的受害者。

下面，我将把我的注意力转向那些已经通过新手阶段的即日交易者。

老手们的培训课程

如果你已经交易了足够长的时间，并且具有了一种高级的交易风格，那么没有人会再称你为新手。然而，同样正确的是，你仍然不是交易专家。你可能还需要培训，而那是一个比较棘手的问题。你需要确保所选课程比你的知识范围要广，你需要仔细地确认它所提供的内容恰好能够满足你的需求。

这一点非常重要，我曾经犯过此类代价不菲的错误，下面我用自身的例子来说明一下。在做了大约5年的即日交易后，我参加了第二次培训课程。结果表明，那纯粹是在浪费时间。我整整浪费了5000美元！为什么这么说呢？我的水平比自己认为的要高得多。那次培训持续了5天时间，我每天听到的信息和策略，都是我已经知道的。

想象一下，我感觉自己受到了怎样的欺骗，我被完全欺骗了。

那么，你应该怎样避免那种情况呢？

如果事先确定你的交易水平，便可绕开那样的不幸。对于交易水平的确定方法，你可以重新读一下第1章"首先了解自身的真相"。

如果你已经确定了自己的交易水平，那么接下来该怎么做呢？你每天都积极交易，你已经保持这种状态较长时间，你的知识超过了培训者，然而，你感觉自己还需要一些培训。

你打算参加的应该是一个顾问指导计划。对于即日交易者来说，这种学习就是努力跟上某位交易专家的步伐，并且不会用初学者的问题来浪费那位专家的时间。

一位顾问就是一位专业的即日交易者，他每天都积极交易。在那个人用他的真实资金交易时，与他一起工作，可以令你收益良多。

对于具有一定经验的交易者来说，其他的东西都是没有价值的。

顾问指导是按股票数量收取佣金的公司的特色。那些公司中的大多数都有自己的交易场所。如果仍按股票数量支付佣金，便可以免费在他们的交易场所交易。在那里，你会遇到许多经验丰富的交易者，他们中的许多人都是天生的导师。

另外，许多按股票数量收取佣金的公司实际上还提供内部专用的教室。对此，他们通常不会收取费用，你在那里可以学到许多有价值的知识。他们希望使你变得机智敏捷，使你成为他们利润来源的一分子。你交易得越好，他们赚的钱就越多。你是他们的投资，所以他们会培训你，并且完全不用你掏钱。那是一种双赢的情形。

如果你认为自己已经准备好像一位专家一样做即日交易，并且告诉了按股票数量收取佣金的经纪人，如果他们也认可你不再是一个新手，那么他们将为你提供一个试用培训。这通常包括在他们的示例软件上交易一到两周的时间。他们将评价你的业绩和天生的交易风格。他们希望你能够持续获利，如果你不能的话，他们将让你离开。他们会拍拍你的肩膀，建议你获得更多经验后再回来。

虽然那些价格高昂的培训课程存在很多缺陷和欺诈性，但我仍不建议你避开它们，这便是其中的原因。毕竟，你需要从某个地方开始。

在这个危险的培训行业中，你已经对漫无目的的雷区有认识了吗？损失或浪费资金，或者浪费宝贵时间的可能性都是非常高的，你应该加倍小心。

选择培训课程的建议

为了帮你避开那些可怕的情形，我已经搜集整理了一个问题列表，在你签约之前，可以去问那些培训的承办人。不管你是初学，还是有了一定的经验，得到这些问题的答案之后，应该有助于你选择哪个培训课程比较合适。

首先，当咨询培训课程时，确保与你谈话的是一名导师，而不是一个想掏空你钱包的销售代表。如果他们不允许你与导师谈话，那么忘掉那家公司吧。如果你能与一位导师面谈，那么介绍一下你的交易经历，希望他对每分钟的细节都能耐心倾听。问一下他们的课程如何提升你的交易水平，或者如何不能。不断发问，就像你知道的比他多。你可能发现自己的确比他知道的多。

报名前的问题

- 我会学到有关按股票数量收取佣金的经纪人的相关内容吗？
- 导师们拥有积极的即日交易经验吗？如果他们有，那么有多少经验呢？
- 导师与学员的比例是多少？
- 使用什么交易软件？
- 描述一下交易平台。每个交易平台有多少显示屏？
- 在课堂上有实时交易吗？
- 现场交易占培训的比例是多少？
- 培训课程中会重点讲解风险管理吗？如果有，该如何使用？
- 课程中包含多少实际交易范例？
- 为什么这个课程这么贵？（如果你知道的话，说说那些便宜些的课程。）
- 如果我提出一些问题，多长时间可以得到解答和讨论？
- 有任何退款或保证吗？（问这个问题只是为了要观察他们的反应。）
- 我可以使用我的学费来交易你的系统吗？如果我赔了，我就不用支付学费了吗？（问这个问题也只是为了观察他们的反应。）

我还有一些"报名后"的问题，在他们收取你的学费之后，你应该要求得到下述问题的答案。你刚刚付给他们的学费，是你辛苦赚来的，所以要问他们下列问题，以便学到最多知识：

报名后的问题

- 如果他们没有自发讲解有关按股票数量收取佣金的经纪人的信息，那么你就要提出这方面的要求。
- 要求导师详细描述他的交易经历。
- 问一下导师，如果培训那天他因授课而不能交易，会损失多少钱。

- 要求导师展示他自己的交易。

不要只问我列出的这些问题，制作一个你自己的问题列表，把那些你在即日交易中感觉颇费脑筋的问题提出来。你应该有大量与交易相关的问题，你的问题越多越好。

在培训过程中，有时候他们会让你使用他们的系统。你将俯身在一个交易平台上面，也可能是一台显示屏很小的电脑，那时，你应该会感觉到一点顾问指导的味道。应该有人监视你的交易活动，并且给出结构化的指导。这种时候，你的学费花得最值了。

我每次参加培训班，都会坐在电脑前面用他们的示例软件交易，不过基本上都是模拟交易。我总是习惯于争取一位导师陪在我身边，只要我需要，时间越长越好。我注意到，大多数其他学员只是整天静静地坐在他们的电脑前面，试着自己去使用新系统交易。

我同他们一样，也能使用新系统，只是我已经准备好了很多问题，而且希望在实际交易过程中得到回答。我建议你也像我一样做。不要感觉自己太自私，独占了导师，如果你感觉自己占用了他的太多时间，那么你立即离开那里，到管理办公室或销售代表那里，坦诚地告诉他们你所担心的事情。你已经为此付了一大笔钱，有权提出问题，即便那占用了很多的上课时间。搞清楚一点，导师人数不足当然不是你的错。

最后，不要把培训班看做一个展示如何从零开始交易的地方。即便你是一个新手，也应该已经知道交易的基础知识。不要只是为了跑到那里去记笔记，首先要学习足够的知识，以便在课堂上参与讨论。要使你的钱花得值。

一旦你离开培训班，你就要完全靠自己了。你可能在培训班里结交了几位朋友，但你基本上只是一只孤独的狼。

本章讲的是培训与准备，还有最后一个问题需要强调。许多按股票数量收取佣金的经纪公司，要求他们的即日交易者获得第七套证书。这些公司注意到，证券交易委员会（SEC）可能很快将加强他们对新的按股票数量支付佣金的交易者们的许可证管理。

交易培训班并未告诉你怎样通过证书考试，我强烈建议你自学。你要认识到，即日交易是一种职业，在这个职业链上，你走得越高，要求就越严格。

第七套证书的学习资料大约要300美元。我建议，当你为一个昂贵的即日交易课程做预算时，也要准备一些钱来购买第七套证书的学习资料。

需要牢记的规则

- 如果你是一名即日交易的初学者，去寻求一些结构化的培训。
- 在去培训班时，要带着问题。
- 不要奢望在短期培训后便成为一个专家。
- 坚持要求获得有关按股票数量收取佣金的经纪人的信息。
- 如果你是一位有经验的初学者，那么去寻找顾问指导计划。

第17章

选择合适的在线
经纪人：PPS与PPT

有两种类型的经纪人可供即日交易者选择：PPT和PPS。选择哪一种比较合适，取决于你的交易频率、交易经验，以及你的交易资金。

如果你计划做一名专职即日交易者，每天要完成多笔往返交易，并且从不持有头寸过夜，那么你迟早希望摆脱PPT的高佣金困扰。对于那些希望长期从事即日交易的严肃的交易者们来说，应该选择PPS经纪人。

然而，我必须承认，虽然有这样的选择，我仍然保留着我的PPT账户。因为我发现，在某些情况下PPT经纪人是非常有用的，甚至对交易专家也不例外。传统的在线经纪人会提供非常好的选股工具。他们拥有非常棒的交易平台，并且有很多优惠服务，比如ATM卡、免费支票和免费数据服务。基于上述所有原因，PPT经纪人是交易新手的首选。他们为初学者的交易提供了便利，以及很好的客户服务。他们提供的市场数据，正是初学者提升技能所必需的。

与PPT经纪人一道启程

为什么要与PPT经纪人合作呢？最重要的原因是：你刚开始交易时，只能按照实际资金额交易，而所需最低资金通常只有500美元。这些政策都可能有效降低你在市场中的风险。

想象一下，在与PPS公司合作时，你需要至少25000美元才可开户。他们给你的杠杆可能高至令人吃惊的20：1。从购买力来说，那就相当于50万美元。

作为一名新手，想象一下那会令你陷入多大的麻烦！

而PPT经纪人不会让那种情况发生，那的确不错，但是记住一点：我所提到过的高额佣金。与PPT经纪人合作，每笔交易大约要支付8到10美元的佣金，每笔往返交易就要16到20美元。那是相当高的！

于是情况变得更糟糕。

当我刚开始交易时，我只与一位传统的PPT经纪人合作。在我发现问题之前，一些都非常正常。当我在5天的滚动周期内（任意连续的5天），往返交易笔数超过4时，我从普通交易者跃升为"模范即日交易者"。

起初，我感觉非常好，就像得到了晋升一样。不久，我发现自己背上了新的包袱。我被一大堆新的规则束缚住了。为了保持"模范即日交易者"的地位，在所有时间里，都要求我的账户里至少有25000美元。好消息是我只需要四分之一的保证金，也就是说，我的购买力是账户余额的四倍。那很酷，但麻烦跟着来了：每当我账户中的资金低于25000美元的最低限额时，便进入了"追加保证金"状态。我的交易特权受到严重削弱，我失去了4：1的杠杆。这就足以令我难过了，但是，还有更糟糕的事情：在进行一笔新交易之前，我必须为清算每一笔交易等待三天时间！

也就是说，在注入更多资金之前，我基本上是无法交易了。如果我没有资金注入，那么我的交易生活就戛然而止了。

经过我的这些介绍，你应该已经明白，即日交易的这两种经纪人选择，都有着令人意想不到的优缺点。回首往事，我认识到，在为初学者提供建议时，我必须非常谨慎。初学者应该选择哪种类型的经纪人，尤其是应该合作多少时间，都值得慎重考虑。

简而言之，交易新手应该选择从PPT开始，一直到他们的交易频率变得比较高。然后，一旦他们决定专职做交易，就应该转向PPS。

向PPS过渡

PPS经纪人的佣金要低很多，那可能引诱你立即"下水"，但是，请止步。让我们先查看一下水中的情况。水中到处盘旋着饥饿的鲨鱼。此类经纪人对你使用的杠杆非常慷慨，可以达到异常危险的高度。如前所述，当你的账户中有25000美元时，他们提供的杠杆可达20：1。他们会为你准备一个培训试用期，但通常只有一个月。试用期结束后，他们为你提供的杠杆可能最低是10：1。也就是说，使用你的25000美元，在他们那里你可以获得25万美元的购买力。那是非常可怕的。

之后，如果你能够证明自己可以持续稳定地获利，他们会把杠杆提得更高，我曾经见到过20：1的杠杆。举例说明，如果你的账户达到了最低限额25000美元，那么最高可得到20：1的杠杆。如果你向账户中注入更多资金，那么杠杆也随着升高。通常情况下，10万美元的账户余额将为你带来200万美元的购买力，或者说具有20：1的杠杆。在杠杆配置上，每个PPS公司都拥有不同的政策。

虽然存在那么多高风险的特点，但好消息是，如果你有一天亏损严重，却不必因此而停止交易。至少并不总是那样。如果你的账户金额低于最低要求，也不会像PPT经纪公司那样受到很多限制。与PPS经纪人合作时，你有一定的缓冲空间。你可以略微降低你的杠杆。根据你的技能水平和与风险经理的关系，你的最低账户金额限制将会改变。例如，假设你在开户时有25000美元，并且允许使用一个正常的试用杠杆，10：1。假如你亏损了5000美元，那么与PPT经纪人不同，你仍然可以用剩余资金交易。当然你的杠杆将被降低，在你的账户金额达到25000美元的最低限额之前，你可能要失去一半的杠杆。但至少你仍然可以做即日交易，不会被立即要求再存入更多资金。

现在，我再谈谈PPS交易过程中的麻烦事。我将从最小的麻烦事开始。

PPS经纪人一般是独立经营的公司，具有有限的客户服务和银行能力。大多数情况下，他们都不会提供ATM卡或个人支票。为了从账户中提取现金，你将不能申请电汇（wire transfers）或保付支票（certified checks）。那有一点麻烦，但是与他们合作使你觉得那是值得的。如果你今天需要现金，他们可能会在今天支付给你，尽管按照公司规定需要两周时间。这些公司不是大银行，没有额外的卖点，但是他们会尽量满足你的要求。

在经过一天的交易之后，我常常与我的PPS经纪公司的主要所有人一起走过街角，去华尔街附近的一家银行。我与他一起排队，在等他为我取钱时，我们一边聊着天。

我认为，在纽约证券交易所（NYSE）的背景下，与一个活生生的人类之间的这种关系，与那些在线PPT巨人公司冷冰冰的优惠相比，是更加令人鼓舞的。

不过，接下来我将描述一下与PPS经纪公司合作的大麻烦。在与一家PPS经纪公司合作之前，我与一家PPT巨人合作了8年之久。在那8年当中，我有两年是"模范即日交易者"，终日忍受着可怕的折磨。那时，对于PPS经纪人会给出20∶1的杠杆，我是一无所知的。大多数那些公司都位于主要的北部城市，而我当时却居住在南部的天国里。

我为什么会跃过天国的围墙，去考虑那些位于寒冷地带的公司呢？

一天，我做了36笔往返交易。我的交易费，当然是令人发疯地高：每笔9.99美元，36笔买入，36笔卖出。在收盘的鸣声敲响之前，我的利润达到了540美元，那一天的战绩应该是相当不错的。但是，扣除720美元的交易费之后，我那540美元的盈利变成了180美元的亏损！

从那天开始，我决定寻找佣金比较低的PPT经纪公司。

但是始终没有找到。

我开始感到非常悲哀。我迫切需要一种比较便宜的交易方式，否则，我就不得不限制每天的交易笔数。

一天只做几笔交易？

是的，完全正确。如果你告诉一位华尔街的即日交易者，让他每天只做几笔交易，那么他会告诉你，你该去吃点药了。于是我开始寻找其他类型的经纪公司。我在网上搜索，找到了大量这样的公司，它们都位于纽约市。在那里，我发现了PPS经纪公司。我不得不面对现实，如果改与PPS经纪公司合作，我大约要走3000英里的路程。

我可能不得不搬到纽约去住。

大多数PPS经纪公司都被称为专营证券交易公司。他们拥有自己的交易场所，场内设有交易桌。如果你刚开始与PPS经纪公司合作，那么他们希望你在交易场内交易。

我对华尔街附近的一家公司产生了兴趣。我当时认为，首先使用他们的示例软件通过试用期，他们才会考虑与我合作。我想，他们可能要求我拥有第七套证书，而我当时还没有拿到。

结果证明我的估计错了。他们非常愿意我下载他们的软件，并且在家中用它交易，但是只提供很低的杠杆，是专为远程初学者准备的。实际上，他们真正希望的是站在我背后看着我交易。我很快认识到那一点，我需要做的就是整装出发。

接下发生的事情令人颇为伤感，不过也是无法避免的：离开温暖宜人的西部海岸，离开很多我热爱的人们，离开我的许多财产。请你把这些记下来，因为你可能也会迁移——如果你对待即日交易非常认真，那么可能不得不迁移。

我到了曼哈顿，冒着严寒找了一个狭小的住处安顿下来。一夜之间，我成了一名纽约人。老天，这也太快了吧！

每天早晨天蒙蒙亮，我便起来洗漱。然后套上一套暖和的棉衣，进入地铁，随着上班高峰的人流来到那家公司的交易厅。我已经牺牲了在家穿着短裤工作的机会，不过也摆脱了PPT经纪公司高佣金的困扰。不久，我发现自己喜欢上了使用高杠杆交易的特权。

PPS经纪人每月会向你收取一定费用，根据你所要求的数据服务不同，那些费用从150美元到250美元不等。再加上每天的PPS佣金，听起来是一个不小的数目，但是与PPT佣金相比，PPS的各项费用看起来就便宜多了。

平均每股的佣金在0.0035美元到0.0065美元之间。那就是说，如果你买入100股的任意股票，那么你只需支付35美分到65美分，而不是像在线PPT那样的9.99美元。

所以你应该可以想象到，因为交易费的大大降低，我是多么高兴了。如果我做了30笔往返交易（执行60笔订单），每次只交易100股，那么我在那天的佣金大约为30美元到35美元（交易规模为100股的30笔往返交易：100股×60笔=6000股，即0.0055美元/股×6000股=33美元）。如果这一天是在PPT经纪人那里做，那么交易费将高达600美元（9.99美元×60笔）。

太棒了，现在你可能在想：如果我在一笔交易中买入2万股，结果如何呢？

那是一个很好的问题，而答案是非常吓人的。

与PPT经纪人合作，你花费9.99美元，而与PPS经纪人合作，你将花费110美元（0.0055美元/股×2万股）。事实就是这样，那不是印刷错误。

此处的关键是，你一次买入的股票数量应该从不超过500股，除非你是一位超级交易者（专业的即日交易者）。为了复习这个关键问题，请重新读一下第7章"过度暴露于市场的危害"。在那一章中，我详细论述了一次购买大量股票的危险性。

我写这本书时，依旧住在纽约，最后，我将搬回加利福尼亚居住。我计划在我热爱的圣迭戈创建自己的交易团队。

然而，无论我想住在哪里，或者你想住在哪里，我相信，每位交易新手都应该到纽约住一段时间。你应该至少待一到两个月，彻底学习PPS系统，以及其交易平台。然后，当那家公司认为你已经准备好了，并且给予你过程高杠杆时，你就可以搬到这个世界上的任何地方去了，可以在遥远的地方与那家公司交易。无论你在哪里，交易费和数据访问都是相同的。

不过，现在我们来看一下其中的风险。不要完全利用PPS经纪人提供的极度危险的高杠杆，这一点是非常重要的。在这一点上不要搞错，他们当然愿意提供高杠杆，但降低杠杆的权利在你手上。

同其他所有商业活动一样，他们优先考虑的也是盈利。而他们的所有利润都来自我们这些交易者们的交易量（以股数计）。所以，当你通过初级阶段后，他们将为你提供非常高的购买力。你拥有的杠杆越高，你的交易量就越大，他们需要你做大量交易。

高杠杆的利与弊

当我刚开始在曼哈顿那家公司做即日交易时，他们为我提供的杠杆是20∶1，当时我非常幼稚地接受了。我已经按他们的最低要求在开户时存入了25000美元，于是，我的盘中购买力高达50万美元。

使用那么高的杠杆是一个巨大的错误，当时我还不习惯拥有那么高的购买力。对我来说，很难抗拒使用最高杠杆的诱惑，于是我做了一些真正的大交易。

我在使用20∶1的杠杆交易的第一周里，就像坐过山车一样。一天可能赚到3800美元，而在次日却可能亏掉4200美元。有时候，一天的利润或亏损可能就来自一笔交易。不久我就发现，我应该限制自己在市场中的暴露程度了。

我像往常一样一次只买入100股，却忍不住连续买入的诱惑。我先买入100股，然后又买入100股，然后又是100股，越来越多。我不断加仓，直至到达我的购买力上限。然后，当那支股票对我不利时，哎呀！那支100美元一股的股票，我已经累计买入了5000股（价值50万美元）。我知道自己在那支股票波动的不确定性中暴露得太多了。

千万不要重蹈我的覆辙。在行情不确定时，不要买入大量股票。解决的办法就是自我约束，在你能够应付更高的杠杆之前，首先使用10∶1的杠杆。最后，我终于找到了我能够控制的杠杆。当股价波动1美元时，100股股票只会令我盈利或亏损100美元，我能够承受那种压力，因为风险比较低。

相应地，你应该知道自己感觉比较舒适的交易规模，并且从不偏离。请复习一下第13章"保持一天内交易的一致性"。

如果你被给予了很高的杠杆，而在一天当中，你把你的资金分散到很多笔交易之中，那么即便一笔交易亏损，也不会对你造成很大影响。举例说明，假设你买入的500股分别来自5支股票，如果有一支股票跌了，那么不会有什么问题。一旦你开始进入你的股票的节奏，你就可以开始一次买入200股，但是不要使交易规模超过你的交易水平。很快我将在第19章"为技能交易与为收入交易"中详细

145

讨论这一点。

当一位没有明确系统的交易新手屈服于自己的贪婪，用所有购买力只买入一支股票并持有时，杠杆会带来最惨痛的伤害。我曾经见过初学者在第一天来到交易厅，便把25000美元的启动资金全部亏掉。他们接受了20∶1的杠杆，获得了50万美元的购买力。他们买入了5000股100美元一支的股票，然后在一整天的时间里看着股价向不利方向运动。在那种情况下，只要股价下跌5美元，他们就输得精光。

在那种情况下，经纪公司的风险经理会快步走到你的桌前，在你耳边小声说："现在该卖出了。"

实际上，在那个环境中的交易者很可能不是一个新手。他可能是一位非常老练的交易者，只是不习惯那么大的购买力。这又是一种自身的限制，是缺乏自我约束的结果。

对于PPT和PPS经纪公司的选择，我的结论是，根据自己的需要作出合理的选择，这是非常关键的。

保留你的PPT账户

我仍然保留着我的PPT账户，我仍然通过那家公司的网站获取所有市场和免费数据，我仍然使用他们的银行业务——他们在全球都免收ATM费。但是，我保留PPT账户的主要原因是，在某些极为罕见的情况下，我可能希望持有头寸的时间稍长一些。如果你打算持有头寸过夜，那么大多数PPS经纪公司将不会为你提供杠杆。你可以使用他们的系统持有隔夜头寸，但是永远不能使用他们的资金过夜。如果你的账户中有25000美元，那么PPS公司将只允许你持有价值25000美元的股票过夜。

假设你已经有一位经纪人，并且很可能是一家PPT公司，即便我已经阐明最终你应该过渡到PPS账户，但是基于上述理由，我建议你一定不要取消你的PPT账户。即便你的账户余额为0，大多数PPT公司仍然会无限期地保留你的账户。当你准备好进级到PPS股票交易公司时，只要把一个账户中的资金转到另一个账户中就可以了。

但是，在作出这个重大转变之前，要注意如下问题：在PPS公司，你的账户中最少要有25000美元，而且许多PPS公司还要求你拥有第七套证书。

我建议你亲自去拜访一些PPS公司，问是否可以先参观一下他们的交易厅。在去每家公司时，都要带上如下问题：

- 每股佣金和每月数据费分别是多少？
- 我可以在家远程交易吗？
- 对于我的账户，我多久可以使用一次提款支票？
- 你们对于杠杆的弹性有多大？
- 最低账户余额要求和规定是什么？
- 你们提供什么类型的利润分成制？
- 场内交易专家（至少按PPS交易1年以上）的比例是多少？
- 你们要求交易者拥有第七套证书吗？
- 你们提供什么类型的免费集体培训或顾问指导？
- 对于交易平台，我有什么样的选择？（例如：有多少台显示器，什么样的工作环境和氛围，等等。）

需要牢记的规则

- 如果你打算每天做多笔交易，并且不持有隔夜头寸，那么就不要使用PPT经纪人。
- 保留PPT交易账户，只用于做长期交易和获得免费资源。
- 在PPS交易中，在选择杠杆时格外小心。总是从较小的杠杆（10∶1）开始。
- 寻找PPS经纪人时，实地参观一个交易厅，然后至少花几天时间测试一下他们的示例软件，并且留意他们的佣金/费用体系。
- 只有在他们的交易厅交易一段时间后，才可在家做远程交易。

第18章

模拟交易策略

首先我们来看一个比较正规的定义。Investopedia.com，一家福布斯媒体（Forbes Media）公司，给出模拟交易的定义是："投资者在没有实际参与任何金融交易的情况下，用来练习交易（买入和卖出）的行为。"

模拟交易不会产生任何真正的亏损或盈利。你在模拟交易中所做的一切工作，同执行实际订单完全一样，当然这只是练习。你以书面形式把入场价格记在日志中，这便是模拟交易的开始。

如果你曾经参加过为初学者准备的即日交易培训班，那么应该对模拟交易有所了解，但是可能了解得很不充分。你可能没有注意到，使用这种学习工具的方式有正确的和错误的之分，有一些必须要避开的陷阱。不过，如果能够正确使用模拟交易，那么它将在最大程度上提升你的实际交易业绩。

在本书的简介当中，我曾提到过我的第一次模拟交易。我描绘了一幅典型新手（我）的画像——刚刚通过三日培训班的培训。模拟交易是我的培训课程的一部分，当时，我打算独立使用模拟交易。回到家，我整整做了一个月的模拟交易。我的模拟交易业绩绝对是骄人的，我赚了大笔的模拟利润。

然后，关键的转变时刻到来了，那天早晨我决定开始用真正的资金交易。那天发生的事情是悲惨的。

那天晚上我彻夜难眠。

你可能已经猜到，我又要提出另一个忠告了。为了最清楚地表述我的警告和建议，我把模拟交易分为两个显著不同的阶段，新手阶段和高级阶段。两个阶段对于模拟交易的应用有所不同。

新手阶段的模拟交易

大多数即日交易新手，都已经在理论上掌握了专业的即日交易策略，但只有非常少的实践经验。那是一种危险的情况。新手的弱点，再加上模拟交易，情况变得更加危险了。如果交易新手在模拟交易的使用上没有获得足够的指导，那么危险情况就更加确定了。

下面是需要牢记的关键几点：永远不可认为模拟交易是对交易策略的一种测试。另外，永远不可把模拟交易用作无风险环境下的即日交易课程。仔细想一想：培训班给出的那些理由是毫无意义的。当你开始用真正的资金交易时，它将如何帮助你通过控制情绪的方式掌握你的策略呢？

多数交易课程都没有强调那一点。他们使你沉浸在他们的专用策略中。在模拟交易或示例软件程序的无风险环境中，他们用他们的系统争取你的支持。他们给你10万美元的模拟资金，任你随意处置，这是他们在诱使你天真地认为他们的交易系统有效。这在本质上是一种促销手段，鼓动新手签约并交付数千美元的培训费。那种行为简直令我作呕。

让我们花点时间把上述情形与赌场赌博作一下比较。

你走进赌场时，大堂经理会迎上前来，递给你一些模拟筹码，你欣然接受。为什么不呢？他们给了你10万美元的模拟筹码，并且有人在你耳边告诉你如何下注。你在骰子刚开始转动时便下了5万美元的注。你连续赢了三次。

"哇，"你在想，"那伙计告诉我的方法真的有效！"

然后你又开始输钱，不过那又有什么关系呢？你一边走开一边说："那很有意思！"

我想说明的问题是，经过无风险的模拟交易之后，即日交易者未能学到足够谨慎的态度。他们因模拟交易中的成功而异常兴奋，迫不及待地计划用真正的资金交易。就像赌场中的赌客，把10万美元的模拟筹码变为100万美元之后，很可能会变得过度自信。

考虑到人性的弱点，我已经为新手设计了一个简单的防护措施。请再次拿出广告纸和记号笔，并在你的墙上再选一个悬挂的位置。我的主要模拟交易规则是：

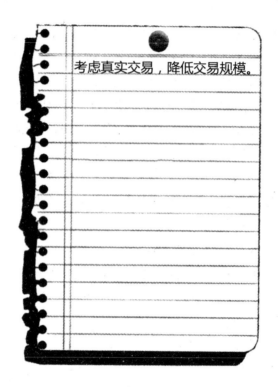

考虑真实交易，降低交易规模。

现在，你已经知道了所有交易格言中最重要的一条：即使你已经学会寻找非常适合交易的股票，但在交易技能不足之前，你应该每次只交易100股。

但是，当你模拟交易时，很容易便忘掉这条警告。我的模拟交易是在培训班开始的，那里的老师把他们的专家策略传授给我。他们把我推到他们的示例软件前面，让我开始模拟交易。

起初，我做的交易一切正常，我坚持一次只交易100股。这种正常情况持续了一段时间，但是不久我便开始一次交易1000股，或者非常轻率地摊平。我记得当一笔交易向不利方向发展时，我却一点压力也没有。

"没关系，"我笑着说，"这支不过是在练习。"

如果我发现自己处于一笔不利的交易之中，我就开始摊平。那毕竟只是模拟资金。我在较低价位买入更多股票，每当价格跌至我的初始入场价位之下，我便这样操作。开始我买入100股，如果股价突然下跌，我就在一个较低的价位再买入100股。如果股价持续下跌，那么我又在更低价位买入更多股票。股价走得越低，我的仓位规模就越大。

这种摊平操作持续到价格向对我有利的方向反转为止。因为我当时已经习惯了在一笔交易中买入那么多股票——通常超过1000股——当股价回升时，我将获利了结。

这种情况在模拟交易中是非常典型的。听起来是一个多么棒的策略呀，难道不是吗？一直摊平，直到股价向对你有利的方向反转为止。

没错。

如果你不确信为什么上述策略是愚蠢的，那么请重新阅读一下第10章"摊平：高手的一种策略"。

那样做即日交易的问题在于，两个基本的情绪问题被忽视了。第一：每当你以大交易规模或摊平过度暴露自己时，你并没有经历到用真实资金冒险的真正的、原始的恐惧。第二，在摊平时，你假定股价很可能回升，那就是你最大的敌人，那是你的过度自信在作怪。太缺乏谨慎，再加上太过自信，就是模拟交易可能导致的、危险的即日交易实践。

但是，请你振作起来。有一条实用而又简单的咒语，可以帮你防止那种情况的发生。再说一遍，那就是：考虑真实交易，降低交易规模。

我知道那看起来很难做到，但是只要说服自己模拟资金就是真实资金就可以了。模拟交易的方式应与真实交易的方式完全一样。

如果你未能把这些心理方法加到自己身上，那么你可能变得非常自满，不能专心坐在屏幕前面，那将使你失去注意力。你可能走开几分钟，或者与某人煲个电话粥。这些行为看起来无足轻重，但问题是你在模拟交易时并没有做好准备。你未能习惯于专心，而专心在真实交易时是必须的。

在一整天的时间里，很难做到每一秒都盯着图表，尤其是我们在假装交易时。但在真实的即日交易中，那却是必须的。这就是我为什么向你灌输像真实交易一样做模拟交易这种思想的原因。举例说明：当你进入一笔模拟交易时，确保你在观察的是Level 2数据。记下买卖价位。一定不要把市价作为入场价格，因为在实际交易中，当你买入时，你所支付的是卖方要价，而你卖出时，则是买方出价。

我已经为你设计了一个非常实用的模拟交易工具。图18.1所示是一份数据输入表格，可以用作模拟交易日志。

表18.1　模拟交易日志

股票代码	交易量	多/空	入场价格	入场时间	出场价格	出场时间	止损价格	利润<亏损>

这份表格很容易在Excel中复制，你也可以拿去复印。你每个交易日都至少需要一张新表格。这份表格包含了必须记下的每笔交易的重要因素，比如股票代码、股票数量、入场和出场价格，入场和出场时间，多头还是空头，以及盈利/亏损额。

记下所有那些信息的主要目的不是估算你的盈利，而是为了以后可以对每笔交易进行分析。你总能够从那份日志表中发现值得学习的东西，无论你是盈利还是亏损。

利用收集到的所有数据，你能够逐渐发现一些统计趋势。举例说明，你可能发现某支股票最佳的交易时间是在下午1:00之后，也可能发现有些股票需要较长的时间才能达到利润目标。你还可能发现，某些股票会在主要压力/支撑线之上或之下反转。你也可能得出结论，某些交易在止损或获利了结之前，持有时间应该稍长一点。

正如你所看到的，交易日志是一种学习工具。作为一名即日交易者，它拓宽了你的视野，增进了你的技能。我们不应该把它看做是你利润创造能力的证明。下面是需要牢记的一句话，也把这条箴言挂起来吧：

模拟交易并不关乎盈利和亏损

我敢打赌，你在模拟交易中的盈利要比实际交易中多。那对我来说是真的，不要像我那样愚蠢。我不愿意在日志中记下那些令我亏损严重的交易，即使交易是真实的。我选择忽略那些不好的交易，那是一种典型的新手行为。

我会入场持有一笔5000股的交易，然后去商店买午餐。我回来时发现股价跌了2美元，于是我亏损了1万美元。我会把它当做一笔拙劣的交易而轻快地排除掉，自言自语道："如果我一直在这儿盯着，我会在亏损很小时就卖掉了。"于是，我没有把它记在日志中。

而在另一种情况下，股价上涨了2美元，使我获利1万美元，那么我当然会很自豪地把它记在日志中！结果，我什么也没有学到。我所做的就是培养坏习惯，比如在交易期间离开，让自己处于严重的过度暴露状态，并且变得过度自信。

每当模拟交易时，你应该总是忽略赚了多少，而是专注于各种业绩变化的潜在原因。坏交易比好交易会令你学到更多。除非你是华尔街所有即日交易者中的超级明星，否则你会像一名普通新手一样交易，并且犯大量错误。但是你可以从那些错误中受益很多。

现在我们再来看一看模拟交易的高级阶段。

简单说一下高级的模拟交易

如果一位老练的即日交易者未能稳定获利，那么做一些模拟交易会有所帮助。他可以像新手一样利用模拟交易来分析他的错误，也可以利用模拟交易来安全地测试不熟悉的股票。正如交易新手从他的重大错误中所学到的一样，他知道不应仓促交易不熟悉的股票。

老练的即日交易者还知道，模拟交易是一项很棒的工具，可以帮助他度过艰苦时期。举例说明，他知道每当市场陷入极度波动状态时，暂停交易几天是比较明智的。

但那并不意味着他在度假。在那些高风险的日子里，他可以进行模拟交易。于是，他可以学习在一种零风险的环境中，如何在高波动性市场中交易。

不管是交易新手还是交易老手，都会有需要暂停交易的时候。在那些时间里，选择模拟交易是比较明智的，那对于心理恢复是非常有益的。请重新阅读一下第5章"学会休息"，复习一下这个关键点。

需要牢记的规则

- 在模拟交易时，考虑真实交易，降低交易规模。
- 模拟交易时应该与真实交易完全一样。
- 不要把模拟交易当做估算盈利的方法。

第19章

为技能交易与为收入交易

如果你是一名未经过正规培训的新手，请不要尝试自己交易，立即退出即日交易。重新读一下第16章"关于那些培训课程"，根据你的技能水平，选择最合适的一个培训课程或顾问指导计划，让自己获得一些必备的基础知识。

但是，如果你是一名经历过一些培训或顾问指导的新手，请务必继续读下去。我将从专业即日交易者们最后悔、最痛心的表白开始讲起。他们向我倾诉，还是初学者的时候，当他们完成一个培训课程后，立即去为了赚钱而交易。在昂贵的培训班把所有积蓄花光后，他们疯狂地希望立即把那些学费赚回来。

那听起来像你吗？那是你正在做的事情吗？如果是的话，我再重复一遍：不要停止阅读！

真相是，在增长技能方面，你最大的投资不是培训课程，而是你在成为一名专家的过程中不断经历的亏损。我在第12章"为什么有些交易者犯的错误较多"中，对这个可怕的真相进行了重点描述。

在这一章，我的目的并不只是提醒你注意，而是彻底、安全地把你武装起来。下面，我将向你展示如何在最大程度上降低你成为专家之前的培训费用，也就是你的实际交易亏损。

建立交易技能的基础

对于初学者来说，你需要透彻地理解这条至关重要、不可动摇的真理：作为一名新手，你应该为技能而交易。你应该专注于技能的培养，而不是赚钱。为收入而交易是以后的事情。你应该记住，耐心是首要的。在成为专业即日交易者的过程中，万万不可拔苗助长。如果你仔细阅读过第1章，那么你可能发现自己的交易技能明显不够高。面对现实，你有很多东西要学，所以即便不太情愿你也需要像一名学生一样地坐下来，记大量的笔记。

假如我再回到新手时代，我希望有人从后面抓住我的衣领，强迫我明白这一点。在我还是一名新手的日子里，当从培训班回来，或者刚读完一本交易策略指南时，我就像一名刚打了激素的拳击手，我渴望把那些大人物们击败。我没有华尔街交易者们强占的专用信息吗？我确信自己已经掌握了即日交易的专家策略。我感觉自己已经准备好做些大动作，做几笔大交易。

实际上我的确有一些不错的信息，我已经见过如何像专家一样交易，不过我缺乏的是实践经验。而且我还没有意识到那个缺点是致命的。

就像我已经看过如何建造漂亮住房的录像，录像一结束，我真的去了一块工地，并且抢起了大锤。我发现这项工作并不像我所想的那样容易，可怜的我意识到录像没有告诉我：我不仅需要阅读设计蓝图和大锤，而且还要面对完工期限的残酷压力，以及冷热天气所致的身体压力。（因此我对木匠非常尊敬，比如我勇敢的哥哥亚当，他整个冬天都在纽约布法罗市的户外工作。）

即日交易者的大锤就是他的手指尖，他的指甲就是他键盘上的键。像建筑工人一样，他需要小心前进，特别是作为初学者。虽然他不会压坏他的拇指，不会从楼上掉下来，也不必经受严寒和酷暑，但是他对自己的伤害甚至更严重。

也不都是坏消息，相反地，我有一些好消息。我已经开发出一套系统，可以让你用真实资金安全地交易，并且在市场中的暴露程度非常小。在开发出我的系统之前，我正在即日交易者的地狱中挣扎。我的问题是，我认为自己是一名专家。只是因为我每天做几笔交易，交易额是数万美元，我便认为自己是专家了。

在经过多次亏损后，那也是痛苦的教训，我发现自己开始做更多的准备和研究工作。不得已，我变得更加有耐心。但是我仍然没有认识到自己最大的错误：我在为赚钱而交易，而不是为学习而交易。

如果你的盈利比较稳定，那么你应该只为赚钱而交易。

而你已经知道，当时我的盈利并不稳定。

一天，我闷闷不乐地蜷缩在那里。显示器在我的面前闪烁，就像不可企及、飞扬跋扈的天神。我已经做了五年多即日交易，经历了一段非常艰苦的时间。我感觉自己就像一个可怜的失败者，那是我至今为止最后一次认输。但是那一天，我不知用什么方法让自己振作起来，继续交易。我认为我不得不做一些改变了，我必须改进我的方法。

那时我的思想发生了转变。在那之前，我的确做过一些非常棒的交易，同时也有一些非常糟的交易。随着时间的过去，我又回到了原点，不赚不赔。我能够在股市中生存那五年，原因是我开始有一个良好的资金基础，以及我要求不断上进的强烈意愿。

（警告：请注意上面我所说的"良好的资金基础"。如果你没有良好的资金基础，或者你打算把毕生积蓄的一半以上投到股市中，那么你肯定早就撑不下去了。）

那一天我认识到，我应该回到最基本、最重要的事情上，回到我的起点，就像培训中一样。我不应该再强迫自己去赚钱，而应该专注于能够产生稳定性的一种方法，并且暂时忘掉赚钱。

现在你可能正在想：你那是疯了。那是很荒唐的，不专注于利润，会产生相反的作用。不过，利润当然是最终的目标，而先会爬后会走，先会走后会跑，是一条一般规律。所以让我们变得更疯狂些，做一个疯狂的警示牌。

今天就把这个牌子挂起来。当你能够在至少一个月（连续20个交易日）的时间里稳定盈利时，再把它取下来。

我承认，我的系统有一个缺陷，稍后我将解释。那就是令人不感兴趣的、微小的利润。你将赚得非常少，甚至不足以称为收入。当然你将用真实的资金交易，不是模拟交易，但是根据我的系统，你将只用非常少的资金交易。你需要愿意从盈利交易的数量中获得满足，而不是从盈利金额中得到满足。

但关键在于：即使你一笔交易只赚了2美元（支付佣金之后），重要的是你学会了如何稳定获利。你必须获得那种稳定性。只有获

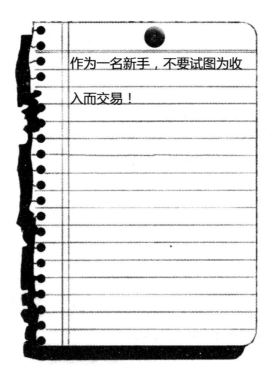

作为一名新手，不要试图为收入而交易！

利稳定之后，你才应该准备进行较大规模的交易。我的系统是一个非常谨慎的过程。你需要从模拟交易开始，然后逐渐用真实资金交易，每次只用一点资金交易。

我的系统包括三个等级。但是在我们讲解那些等级之前，你需要复习一下下述章节：

- 第1章，"首先了解自身的真相"
- 第4章，"从焦躁不安到沉着冷静、泰然自若"
- 第7章，"过度暴露于市场的危害"
- 第8章，"预算：了解你的资金限制"
- 第14章，"股票选择：简化工作过程"
- 第17章，"选择合适的在线经纪人：PPS与PPT"
- 第18章，"模拟交易策略"

复习完毕之后，你就准备好进入我的训练系统了。

第一级

假设你知道如何阅读图表和如何设置下单，那么找一支运动速度较慢、价格较低的股票。也就是说，从日最高价到最低价的平均价格区间为50美分左右，股价在10美元到30美元之间。

模拟交易那支股票一周的时间，用整天的时间交易它。当你用真实资金交易时，每笔交易的利润要超过将来的佣金。换句话说，如果你正通过一位PPT经纪人交易，那么每笔交易至少要赚20.00美元。那刚好可以支付往返交易佣金，每笔交易通常为9.99美元。如果你在通过一位PPS经纪人交易，那么你每笔交易只要盈利大约1美元就可以不赔钱了。

- 之前你曾经看到过这一条：每次支交易100股。
- 模拟交易那支股票一整周的时间，每天至少做10笔交易。
- 设定恰当的止损位和利润目标。不要担心盘中的交易过程，专注于为了增长经验而交易。
- 一周结束后，你应该有了5整天积极的模拟交易经历，并且只交易了一支熟悉的股票。
- 保持好每笔交易的记录。你应该记下每笔交易的入场和出场理由，以及在每笔交易中的思想状态。
- 在对这一支股票经过整整一周的交易之后，如果你感觉有信心用真实资金交易它，那么在下个周一的早晨，你应该开始真实交易。
- 否则，你要重复一整周的模拟交易。
- 只有当你的分析和交易经历表明所选股票存在问题时，才可更换股票。（如果你已经读过第14章"股票选择"，那么无疑会出现那种情况。）
- 如果你选择用真实资金交易，那么要注意坚持遵守以下规则：
  - 同模拟交易时完全一样做。
  - 如果你犯了在模拟交易期间未犯过的错误，那么停止交易。
  - 返回模拟交易，直至重新建立自信为止。

你大概很快就会对"第一级"感到厌烦，因为即使是用真实资金交易，你的盈利或亏损都非常小。对于一支慢速运动的低价股来说，每次只交易100股是非常乏味的。此时，你的耐心开始起作用了。在这段时间里，你在交易中汲取了宝贵的经验，但令人感到欣慰的是，没有冒太多风险。

在你处于第一级期间，一旦你对用真实资金的交易已经感觉很自信，那么你有两个选择：你可以自己提升至"第二级"：稍差一点的选择，你可以仍然交易第一级的股票，不过每次交易200股。

如果你选择第二种方案，那么每笔交易的规模依次增至200股、300股、400股，最终到达上限500股。对于每次交易规模的增加，都要用整整一周的模拟交易来检验。

平均来说，第一级的股票每天只能让你做10笔好交易。每笔交易到达预定价位的时间，比第二级或第三级股票都要长。这便是你可以逐渐把交易规模增至500股的原因。

你每次只交易100股时，股价运动25美分可能要花30分钟时间，于是你在每笔交易上会盈利或亏损25美元。每次交易500股时，股价运动25美分仍然需要30分钟，但是你的盈利或亏损将是原来的5倍。平均起来，每次交易500股，你将盈利或亏损125美元。

再重复一次，第一级就是慢慢培养你的耐心。每次都从100股开始，使自己逐渐获得提升。

第二级

这一过程同第一级完全相同，只有一点区别：你的股票处于不同的类别。选一支运动速度中等、价格中等的股票，也就是说，股票的平均日价格区间为1美元，股价在30美元到50美元之间。

模拟交易那支股票一周的时间。在一整天的时间里，至少要做30笔往返交易。每笔交易的利润要超过真实交易的佣金。连续模拟交易那支股票一整周的时间，每天至少做30笔交易，当然每次只交易100股。

设定恰当的止损位和利润目标。不要担心盘中的交易过程，专注于为了增长经验而交易。一周结束后，你应该有了5整天积极的模拟交易经历，并且只交易了一支熟悉的股票。

保持好每笔交易的记录。你应该记下每笔交易的入场和出场理由，以及在每笔交易中的思想状态。在对这一支股票经过整整一周的交易之后，如果你感觉有信心用真实资金交易它，那么在下个周一的早晨，你可以开始真实交易。否则，重复一整周的模拟交易。如果你选择用真实资金交易，那么要注意坚持遵守以下规则：

- 同模拟交易时完全一样做。
- 如果你犯了在模拟交易期间未犯过的错误，那么停止交易。
- 返回模拟交易，直至重新建立自信为止。
- 只有当你用自己的业绩证明自己能够用100股的规模交易，而且已经对200股的交易规模进行了整整一周的模拟测试后，才可把交易规模增加至200股。
- 只有当你的分析和交易经历表明所选股票存在问题时，才可更换股票。

第二级与第一级的不同在于，你所选的股票具有更快的运动速度和更高的波动性。我设置这些等级的目的，是为了让你逐渐暴露于更高的交易风险中。你在第一级交易过，然后升级到第二级时，我敢肯定你会看到很大的不同。你将发现，第二级的股票向一个方向运动的速度比你在第一级中所习惯的要快一倍。

所以，你应该总是从每次交易100股开始。对于第二级的股票，每笔交易的规模一定不要超过200股。记着首先模拟交易一整周后，再转到用真实资金交易。

平均来看，与第一级股票相比，第二级股票将允许你每天做更多交易。你每天应该至少能够执行30笔交易，这是相当多的，不过也非常可怕。与交易第一级股票相比，在你增加每笔交易的规模之前，应该花更多时间了解你的股票。我建议你在把交易规模增至200股之前，至少用100股的规模交易一个月。

第二级的股票运动25美分可能要花3到10分钟，每次交易100股时，你的每笔交易可能盈利或亏损25美元。如果以200股的规模交易同一支股票，价格运动相同幅度所花的时间相同，但是你的盈利或亏损将会加倍。每次交易200股，你可能在每笔交易上盈利或亏损50美元。因此，如果你没有准备好交易第二级股票，那么每天设置30笔交易可能会令你损失惨重。

重申一遍，那就是让你放慢前进的速度。对于这一等级，我重复一句：总是从100股的规模开始，然后逐渐提升至200股，但是一定不可超过200股。

第三级

第三级的工作与前两级完全相同，不同之处还是在于你交易的股票类型。

- 选一支运动速度较快、价格较高的股票。例如，股票的平均日价格区间为3美元，股价在50美元到100美元之间。
- 模拟交易那支股票一周的时间。在一整天的时间里，至少要做50笔往返交易。每笔交易的利润要超过真实交易的佣金。
- 同前面一样，你的目标是连续模拟交易一周。每天至少做50笔交易，现在你已经知道每次交易多少股。
- 同以前一样，设定恰当的止损位和利润目标。专注于经验的积累，而不是盈利的多少。
- 一周结束后，你应该有了5整天积极的模拟交易经历，并且只交易了一支股票。
- 同以前一样，记下每笔交易的入场和出场理由，以及你在每笔交易中的思想状态。
- 在经过一周的模拟交易之后，如果感觉有信心，就开始用真实资金交易那支股票。
- 否则，你要重复一整周的模拟交易。
- 如果你选择用真实资金交易，一定要牢记下列规则：
- 同模拟交易时完全一样做。
- 如果你犯了在模拟交易期间未犯过的错误，那么停止交易。
- 如果你的亏损超过盈利，那么返回去做模拟交易，直至重新获得自信。

- 同以前一样，只有所选股票本身存在问题时才可更换股票。

在第三等级的训练中，你将承担最高的风险。每笔交易一定不要超过100股，即便你已经证明自己可以稳定获利。如果在交易第三级的股票时过度暴露，那么要应对股价波动就困难得多。

你从来不需要一次交易超过100股的股票。当交易一支第三级的股票时，每隔10秒钟到3分钟，你很容易就盈利或亏损25美元（第三级股票的股价将快速运动25美分，而你有100股）。

因为在这一级别，你将每天做50笔以上的交易，每天潜在的盈利或亏损是1250美元（25美元×50笔）。

因此，确保你不会变得太贪婪。当你变得太贪婪时，不好的事情就发生了。坚持每次最多交易100股，而且从不摊平。如果你遵守这条建议，那么当你交易一支第三级的股票时，应该会有一个良好的开始。

小结

模拟交易仅限于学习之用，但你不应该没有任何计划地做模拟交易。设计这些模拟交易等级的目的，是为了让你减慢前进的速度，使你有时间分析自己的失误。每完成一个级别的模拟交易，都会使你做好用同一级别股票实际交易的准备，而且训练是在一个无风险的环境中进行的。

对于新加到候选股列表中的每支股票，都要进行模拟交易。你可以在用一支第一级股票净赚的同时，模拟交易和分析一支第二级或第三级的股票。最后，你就能够在一个交易日内交易多支股票。但是在你已证明自己能够从一支股票中稳定获利之前，不要尝试交易多支股票。当你感觉准备得足够充分时，你可以不断增加推荐的交易规模（但不要超过上限），并且/或者在那一等级再选择一支或几支股票。

这套训练方法的关键，是像婴儿学步一样小步前进。如果需要增加交易规模，那么先要以目标交易规模模拟交易一周的时间。对于第三级的股票，每笔交易一定不可超过100股，没有例外！

表19.1 股票的三个等级

	说明	平均股价范围	平均盘中价格波幅	最大交易股数（每笔交易）	每笔交易的持续时间（股价波动25美分）	平均交易笔数（每天）	潜在盈利/亏损（每笔交易）	潜在盈利/亏损（每天）
第一级	速度较慢，价格较低	10～30美元	0.50美元	100～500	10～30分钟	10	25美元	250美元 25美元×10
第二级	速度中等，价格中等	30～50美元	1美元	100～200	1～5分钟	30	25美元	750美元 25美元×30
第三级	速度较快，价格较高	50～100美元	3美元及以上	Max 100	10秒钟～1分钟	50	25美元	1250美元 25美元×50

我想强调一点，我的这套训练系统并不是一套完备的即日交易策略，甚至谈不上策略。这套系统的目的是为了使你处于正常交易状态，是为了给你一种结构化的培训思想。不可依靠它赚钱，但是可以依靠它获得最好的未来成功的机会。

为了方便，可以参考表19.1。

从这份表中可以快速看出三个级别股票的特点。"风险"是由股价在给定时间内的运动速度决定的。

需要牢记的规则

- 总是从第一级的股票开始，然后逐级提升。
- 在对你的股票模拟交易，并且稳定获利之前，不要用真实资金交易。

第20章

完美的交易日

下面列出的是完美交易日背后的一些因素，包括从你早上醒来一直到晚上都需要注意的。

- 你是通过PPS经纪人交易。
- 你的盘前准备已经非常充分。
- 一天当中你的交易策略都非常一致。
- 收市前你已经了结了所有头寸。
- 你不持有隔夜头寸。
- 你为明天的交易做好充分的准备。
- 当然，你赚到了一笔不小的利润！

我撰写本章的目的是形象地展示一天最佳的即日交易经历。为了达到这个目的，我从我的交易生活中选出了理想的一天，然后进行详细地描述。

清晨的活动

首先我应该说明一下，有时我会暂停交易，休息一天。那从来不是一个冲动的决定，我在前一天便知道了这个决定。原因可能是市场行情，或者昨晚做计划做得非常晚。

今天我没有休息。

我的起床时间取决于我是想在家交易，还是想去交易厅交易，所以我在早上5点或7点起床。如果我要去位于华尔街附近的交易厅，那么我必须在黎明前起床。地铁入口距我的住处大约有三个街区，而在下到那个拥挤不堪的大洞里之后，要花费更多时间才能找到有空位的火车。

我第一次睁开眼睛时，常常不去关心时钟指向了几点，我只想喝一杯咖啡，让咖啡因好好冲刷一下我的身体。无论我是与其他交易者一起蜂拥在交易厅里，还是待在家里安静的交易桌前，我每天做的第一件事情就是冲上一杯咖啡。

我把那杯热气腾腾的混合液体一饮而尽之后，开始做一套拉伸运动。然后查看天气，如果当天纽约的天气非常诱人，或者至少不是无法忍受，我就拿起我的大水杯离开我的住处，以轻快的步伐穿过中央公园那迷人的一角。

但是，如果天气非常恶劣，那么我就失去了在美丽公园里做深呼吸的机会，只好趴在客厅的地板上做几组仰卧起坐和俯卧撑。

这些都已经变得非常协调。枯燥的体育锻炼是必不可少的，它们能够促进头脑清醒，使我能够应对工作的压力。当上午9:30分开盘的钟声响起时，我的心跳开始加速。当我俯身在显示器前，紧握鼠标，集中精力交易时，那些运动将帮助我在一天的时间里保持平静。

现在，是我的盘前活动中运用大脑的时间了。

我睡觉时，全球的金融机器并没有休息。我注意到，我睡觉的时候，一些重大事件可能已经发生。现在我已经清醒，并且精力充沛，我必须使自己尽快了解那些事件。虽然我交易的股票可能没有在新闻中出现，但是它们仍然会受到全球事件的影响，而我需要在交易之前知道所有的事件。

在刷牙之前，我便打开电脑。我先从市场新闻开始搜索。为了获取一般性的市场新闻，我通常访问一些大型网站，比如Bloomberg.com和雅虎财经。

然后我打开电视，调至CNBC财经频道。我寻找爆炸性的新闻标题——对股票造成冲击的那种。

还记得在2008年底，醒来时发现华盛顿相互（WM）被政府关闭所造成的震惊吗？那是美国历史上最大的银行倒闭案例。其资产以非常荒唐的低价被卖给了JP摩根（JPMorgan）公司，导致股价暴跌至数美分。所有这一切就发生在一天的时间里。我很不愿意向你提起这一点，但是作为即日交易者，你必须有所准备。再想想

"9·11"袭击事件，以及它对股市的影响。我一直在扫描震惊世界的新闻，希望没有那样的事件。

一旦我发现没有那样的事件发生，并且认为那天可能相对正常，我就开始更集中地搜索。在雅虎财经频道，经济报告一览表（Economic Calendar）是一个非常宝贵的资源。它列出了要在当天发布的所有报告，并且还有发布时间。

对于这一点，我再怎么强调都不过分。如果你希望有一个完美的交易日，那么你需要事先搜索哪些报告在你交易时会成为新闻的头条。如果你认为某条新闻可能影响你所交易的股票，那么你要事先知道那份报告披露的时间，并且提前几分钟了结你的头寸。

对整个市场的新闻进行搜索之后，我开始搜索与我的股票相关的新闻。我专注于大约10支股票，但那并不意味着我要全部交易它们。我观察那么多股票，目的是给我自己充足的选择。我通常从每个主要的市场板块中至少选择一支股票。这给我带来很大的灵活性。举例说明，如果今天金融股波动剧烈，我可以选择公用事业股（Utilities）和能源股（Energy）。

我会在每支股票上花几分钟进行搜索。我输入每支股票的代码，然后查找可能与其相关的新闻。我通读相关文章，希望看出与我的股票相关的新闻是否会影响到我的交易。

此时，我完全投入到市场当中。我从观察新闻过渡到准备我的入场/出场计划。这些计划都是从图表分析中得出的。我的交易系统有些简陋，不过非常有效。我细心查看每支股票，记下前一交易日的最高价、最低价和收盘价。之后我对此还有更详细的说明，现在，我想说的是目前我所依靠的是支撑和压力位。

在前一天的准备工作中，我通常还记下大量的分析笔记，我也对它们进行通读。

一旦对当天我的每支股票的所有资料都比较熟悉之后，我就开始着手交易，并且/或者监视盘前的交易活动。

盘前交易

盘前时段指的是上午8:00至9:30，开盘钟声敲响之前的那段时间。大多数PPS公司都允许你在那一个半小时的时间内设置交易（直接订单执行）。反之，大多数PPT公司（传统的在线经纪人）不会立即执行你的订单。也就是说，你可以在上午8点设置一张订单，但是只有在开盘的钟声响过之后才会被处理。

你应该记得，我所列出的完美交易背后的因素中包括一位PPS经纪人。上面就是一个主要的原因。想象一下，如果你在盘前交易时设置了一张市价单，在开盘后才会被执行，而在此期间你只能坐在那时看着股价暴涨！

盘前交易是很冒险的，此前我已经强调过。过去，我曾有过许多荒唐的盘前亏损，但现在我已经知道如何防止不确定性引起的焦躁情绪。现在，如果我要做盘前交易，那只不过是试探一下市场的行情，并且（你已经猜到）我每次只交易100股。

你很容易便能猜到接下来我打算说什么：作为新手，不要做盘前交易！不过你应该观察盘前交易，因为从中你会学到很多东西。

我通常利用盘前这段时间来热身，而不是交易。我继续我的技术分析和图表观察。如前所述，我已经拥有三个重要的价位，即上个交易日的最高价、最低价和收盘价。最重要的是最高价和最低价。同时我也监视成交量，观察它们对价格方向的影响。

在你观察盘前的交易活动时，你将注意到买方出价和卖方叫价之间的缺口比正常情况要大。你会注意到异常的波动性。更加令人感觉混乱的是，支撑和压力位有时在成交量很低时便被突破。

出现那些异常情况的原因是什么呢？有几个不同的原因：来自世界各地的隔夜新闻开始进入市场。盘前经济报告正向公众披露。这些事件在破晓前极少出现，但现在各类新闻像潮水一样涌了进来。

现在，观察华尔街此时的反应是非常重要的。

这时我通常会休息15分钟。是时间停下来观看华尔街交易活动了。你应该时刻牢记一点，华尔街永远比你自己的直觉要精明。在主要报告发布之后，让那些大人物们决定股市的方向吧。一定不要尝试自己去预测。永远不要！

在经过短暂的休息之后，我可能注意到我的一支股票刚刚突破上个交易日的最高价或最低价，而且成交量异常地高。市场需要新的盘中压力位或支撑位出现，我很高兴在此刻发现了这一点，而不是在之后的正常交易时段才发现。

下面的内容非常重要，需要引起你的注意并牢牢记住。

盘前价位并没有记录在当天价格运动的Level 1和Level 2图表上。举例说明，如果你的股票在盘前交易中跌至50美元，然后在开盘钟声响起时又反弹至51美元，那么市场指标只会反应开盘价位51美元。50美元的低价位并不被记录，除非它在正常交易时段再次出现。

也就是说，如果你没有关注盘前的交易活动并且记下重要价位，那么你可能正在使用错误的盘中支撑和压力位。

从图20.1中可以看出，盘前出现了一个最低价50美元，一个最高价53美元。在接下来一整天的交易中，这支股票的价格再也没有触及其中任何一个价位。市场指标将只显示实际最低价50.50美元和实际最高价52.50美元。

大约在上午9:00时，我正全身心地观察那些我计划在开盘后交易的股票。理想情况是在盘前时段里，股票像平常一样交易。它们

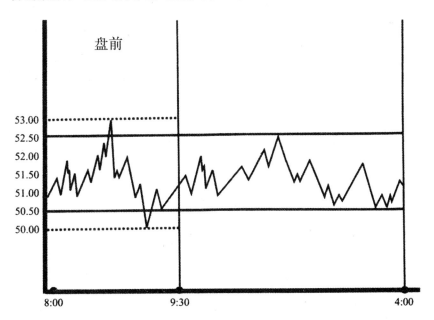

图20.1　盘中图表

显示正常的成交量水平，并且在主要的压力和支撑位处反转。它们就像困在笼中的老虎，来回踱着步，很有节奏，很容易预测，并且很安静。

突然有一只老虎开始对一旁的观众怒吼，并且疯狂地想破笼而出。换句话说，我的一支候选股正出现异常行情。那通常是一个清楚的信号，说明我错过了一些重要的新闻，我的股票正在变得疯狂，就像一只焦躁不安的野兽。

我通常是在开始交易前的盘前时段发现这种情况的。所以我利用盘前的时间摸一下市场的底，并且记下那些快速蒸发掉的价格。

无论我是穿着短裤坐在家里，还是衣帽整齐地坐在交易厅里，在开盘钟声敲响前的最后几分钟里，我都要做最后一次例行的拉伸运动，并且喝一杯新鲜的咖啡。

开盘的钟声

当钟声在上午9:30准时响起时，我已经准备得非常充分，而且心平气和。对于即将交易的每支股票，我知道需要注意哪些价位。

接下来的工作就是专注与等待。

大多数培训课程和培训手册都明确规定，一定不要在开盘后的第一个15分钟里交易。那是一个极好的避险建议，如果你在本行业还是一个新手，就应该将它作为一条规则来遵守。我是一名新手时，由于在最初几分钟的拙劣交易，导致了许多严重亏损的交易日。

开盘后的短暂时间里，股市波动不定，异常忙碌。我已经知道，在第一个15分钟里，只交易我感觉最确信的股票。我对于那些股票的了解，就像对我的脸一样。我知道它们在早晨将如何运作，我知道它们所有的反应方式，我知道它们所有的突破点。

相信我：如果你并未完全进入你的股票的节奏，那么不要尝试在开盘钟声的余音中交易。在某些日子里，我曾经看到有些股票的价格在开盘后的几分钟里暴涨了10美元。你真的希望在不熟悉的股票上选择底部或顶部吗？

开盘的钟声就像赛马场上的枪声。那些纯种的赛马野蛮地从门里冲出来，每一匹马都争先恐后。开始的暴发只能维持一会儿，然后明显的趋势出现了。有些马稳定地领先，其他马则尾随其后。

赛马是赌博，即日交易不是。在赛马场上，你要在赛马开始前下注，那时距离你能分出优劣的时间尚早。反之，在即日交易中，你不必事先"下注"。你可以等一等，看你的股票在那一天将出现什么样的趋势。

因为我不再是一名新手，所以通常我会在开盘后的几分钟里进入一笔交易。但是只有在我预定的价位被击中时我才会进入交易，而那些价位常常很快便被击中。在我的候选股中，至少有一支股票会击中我的预定价位，那令我心中非常高兴。

同时，我也关注新的盘中趋势。我最初设定的价位（在我的盘前搜索中计算得出），通常只应用于当天我的第一笔交易。如果我快速获利或亏损（10美分到20美分的波动），那么我将在那天的剩余时间里继续交易那支股票，但大多数情况下我不会在前一个价位重新入场。

重要的是我每次进入一笔交易，都牢记刚刚决定的价位。我知道入场价位，也知道出场价位，不管是盈利还是亏损。

一旦开始交易，我就像钉子一样坐在显示屏前。我不会因为任何事情离开我的交易台，也不会让我的眼睛离开显示屏。

中午的活动

截至上午10:30，我已经执行了30笔交易。那是15笔往返交易。交易笔数不少，但并没有什么意外。我喜欢那样高能量的波动，它们为当天建立了极高的动能。

到目前为止，我还没有注意自己已经赚了或赔了多少钱。我专注于控制自己的情绪，我正全神贯注地寻找快速的盘中交易机会。

我通常在每隔1到5分钟的时间里完成入场和出场。我在寻找快速的10美分到20美分的价格运动。在同样长度的时间内，那将为每笔交易带来10美元到20美元的盈利或亏损。每天，我可能要做100笔往返交易。我匆匆计算了一下，大多数交易都盈利，每笔盈利10美元到20美元，而亏损交易的笔数要少得多，每笔亏损10美元到20美元。

现在你可能想知道，购买所有那些股票，我需要多少资金。答案可能会令你吃惊。在前面的章节中我曾经提到过，大多数PPS经纪公司要求的最低账户金额是25000美元。你在他们那里开户时，他们通常会给你25万美元的购买力（因你的交易水平不同而不同），也就是10∶1的杠杆。

下面的内容可能会令你大吃一惊。

当我以100股的规模交易时，我通常只需要5000美元到8000美元即可购买那些股票，因为我的大多数股票，价格都在50美元到80美元。我的头寸数量不超过10，因为我每天只观察10支股票。所以在一天的交易当中，我至多使用25万美元购买力中的8万美元（10支80美元的股票，每次只买入100股）。

关键是我并不去尝试最大化地利用我的盘中购买力。账户中还有可用资金，并不意味着我应该把它们用光。你知道，我是经过很多惨痛的教训后才认识到这一点的。在前面我已经证明，如果你用尽所有购买力，你会发现麻烦很快就来了。

想象一下，如果你正在使用超过10万美元的购买力，那么一些问题可能正在发生：你或是买入了一些1000股的大头寸，或是持有头寸数量远大于10个，所有这些都在同一时间发生。不管是哪一种情况，你都处于严重的过度暴露状态。

于是，关于股票即日交易的一个相当核心的真相是，作为一名专业的即日交易者，你并不需要数百万美元的资金。你真正需要的就是最低限额25000美元。对于你们来说，可能25000美元看起来是一个不小的数目，不过我要说一句，请试想一下：哪一种小本生意的启动资金不远大于25000美元呢？

我的交易形式被称为"抢帽子"。"抢帽子交易"，利用的是股票在盘中大量的价格波动。我侦测出那些快速的10美分至20美分的价格运动，然后利用它们交易，就像乘坐地铁一样，我会在预定站点下车。

对于为什么通过PPS经纪人交易有助于创造一个完美的交易日，在此我将指出另一个原因。如果你通过一位PPT经纪人交易，那么无法在不过度暴露的情况下，进行差价只有10美分至20美分的抢帽子交易。而通过PPS经纪人交易时，则不会有那样的困扰。对于每次100股的交易，我支付35美分的佣金。如果是整个往返交易，就要支付大约70美分的佣金。

所以，对于盘中的一笔交易，我能够赚取10美元至20美元的利润。如果我在一笔交易上获利15美元，按照PPS的佣金结构，我只需支付70美分。所以，每笔交易15美元的利润是相当合适的。我通常每天要做100笔往返交易，那么每天的潜在利润将是1500美元。不过，即使在一个完美的交易日，你仍然有些交易会亏损，那都在意料之中。对于我来说，今天是一个普通的完美交易日。我的交易中将有80%盈利，也就是说，我将盈利1200美元（80笔交易，每笔盈利15美元），亏损300美元（20笔交易，每笔亏损15美元）。于是一般情况下，在一个完美的交易日中，我的净利润是1100美元（在按PPS支付佣金之后）。

在午盘期间，我通过只交易10支非常熟悉的股票来保持稳定的利润，我从不重仓或高频交易一支不熟悉的股票。我时刻牢记谨慎这一美德（无论多么乏味），我从不偏离有效的系统。

我在止损时是快速而果断的。我在进入交易之前就已经知道我将在何时获利了结或认赔卖出。如果没有这样的自律和自动式反应，那么我可能开始整天持有头寸。

有输有赢，就是这种游戏的规则。我的工作就是让盈利交易数多于亏损交易数，并且几乎从不延长持有时间。

情绪会损害你的业绩，它们永远不会帮你获利。我使自己保持在完全远离情绪的状态，即使是在一个完美的交易日里。我应该赚钱，毕竟那是我的工作！我为什么应该变得兴奋呢？不要误会我的意思，当我了结所有头寸之后，我会庆祝自己的胜利。

但是在中午，我要埋头工作。

我在交易台前坐了几个工作小时之后，我退出所有头寸，开始测定我的业绩。这是今天我第一次仔细检查我的盈利/亏损。我已经知道盈利交易笔数多于亏损交易笔数，但是我想大体看一下交易数量。

然后，我集中精力观察哪些股票给我带来了麻烦，哪些股票给我带来了便利。只有在确定了下午我将重点关注的最佳股票之后，我才去吃午饭。一般只有两支或三支股票。我所谓的最佳股票，它们没有在新闻中出现，交易活动比较稳定，而且在盘中支撑和压力位处的反应几乎像时钟一样可以预测。

午饭之后，我做一下快速的图表分析，特别是对最佳股票。我调整我的显示屏，以便只显示它们的图表。下午1:30，我正在消化腹中的午餐时，暴跌开始了。此时我的精力几乎用尽，我需要限制观察的股票数量，因为只观察几支股票时，我的工作将轻松得多。

这时我让自己稍微冒一点风险。我感觉很累，但是我已经缩小了我的焦点，那将使得情况相对安全。对于那些可预测性强、可靠性高的股票，我开始以200股的规模交易，如果需要的话，我还进行摊平操作。

到下午3:00，最后一个交易小时开始了，我通常已经做了90笔往返交易，或者说执行了180份订单。大多数交易的规模都是100股，大约交易了18000股。

在一天的这个时候，我开始计算我的佣金。令我欣慰的是我不是通过PPT经纪人交易。请你自己算一下，如果我使用PPT经纪人，那么我的佣金（每笔9.99美元）将是令人疯狂的高。

我再次开始计算我的净利润/亏损，而这一次我计算得非常细致。对于我的90笔往返交易，75笔盈利，15笔亏损，那么毛利润就是900美元（15美元 ×75笔 −15美元 × 15 笔）。减去我的佣金63美元（0.0035 美元/股×18000 股 ），得出我的盘中净利润837美元。

所以截至计算时，我已经净赚了837美元。

还不错。

▓ 交易的最后一小时

现在市场的成交量开始放大，波动性也有所提高。在交易的最后一小时里，我始终保持高度警惕，就像我在盘前时段一样。

我一般都在集中精力确保我没有被套在任一笔交易中，从而致使我持有头寸进入盘后交易。收盘钟声在下午4:00响起之前，我希望把所有头寸全部了结。

在一个并不如此完美的交易日里，此刻我正在与我的心魔（贪婪或恐惧，或者两者都有）做斗争。最后一小时是一天当中关键的一个时段，可能使你的业绩发生显著变化，尤其是在一个不好的交易日里。因为在一个不好的交易日里，你可能特别希望利用这段时间挽回当天的损失。

但是，在一个像今天这样的完美交易日里，我的净利润已经超过800美元，我将冷静、沉着并且谨慎地利用这最后一个小时，没有恐惧和贪婪。

到最后一分钟，我发现自己处于盈利状态。在这样的一天中，我在最后一小时内再设置10至20笔交易，它们将使我的盘中净利润提升至一个可爱的整数，1000美元。

这就是一个完美交易日的产生：一个谨慎的策略接着另一个谨慎的策略，如此等等。

在收盘倒计时期间，我希望退出所有交易。如果我想持有到最后10秒，或者计划在盘后交易时段卖出，那么我将停留在一笔交易中。

如果你没有注意到，那么你可以在盘后卖出你的头寸。

收盘的钟声

叮咚！叮咚！

东部标准时间下午4:00，美国所有的证券市场都收市了。这个工作日结束了。

错了！

我从未在4:00停止过工作，除非有万分火急的事情。还有那么多工作要做，我一般至少要继续工作两个小时。

我没有留待盘后了结的头寸。在这样一个完美交易日里，那种情况极少发生。我休息了一会儿，大约15分钟，清醒一下头脑，活动一下四肢。如果我在市中心的交易厅与我的私人交易者同伴们一起交易，这时我会悄悄走过去与他们攀谈。

每个人都放松了警惕，每个人都放松了下来。只有在收盘后的这段时间，我才有机会带着我的问题靠近那些交易专家们。我总能看出哪些人希望谈一谈。通常，只有那些一天交易相当成功的交易者们才喜欢谈一谈。

嗯，今天我有好多话要说！

经过短暂的休息之后，我有两种选择。一是继续在盘后交易，一是开始做我的家庭作业。我通常在收盘钟声响后20分钟内作出选择。我喜欢为我的股票留出一些时间，看是否有异常活动的迹象。大多数情况下，如果这么晚了还有很高的成交量，那是因为交易者们对盘后新闻的反应。举例说明，一支股票的收益在盘后发布，将引发很高的盘后交易兴趣。

盘后交易

如果我选择在盘后时段交易，那么我很快便回到原位。在大多数PPS经纪公司，盘后交易通常在东部标准时间晚上8:00结束。不过我从不交易到那么晚。我常常是因为一天的交易非常糟糕，并且还持有一个大型头寸，才在盘后交易的。遇上那种情况，我就在盘后继续交易，尽快把剩余股票出手。有时，股价在盘后回升很快，那么我便能够从"濒死"的交易经历中恢复过来。

那当然是靠运气，那就是赌博。那不是一个完美交易日的结束方式。有时，可能出现一些非常好的盘后交易机会。不过，为了使那些交易机会值得利用，股票的成交量必须大于或等于正常交易时段的成交量。再次，只有一些重要新闻发布时，才会出现那种情况。

如果我真的进行一笔盘后交易，那么我就寻找在收盘时确立的相同支撑和压力位。活跃的盘后交易（值得交易）通常只持续到下午6:00。此后，交易活动便真的平息下来。在重要新闻发布之后，股价将向一个方向跳动，然后趋于平稳，在一个狭窄的区间内运动，直至最后时刻，晚上8:00。

我从不在下午6:00之后交易的另一个原因，是因为在晚上8:00之前很难退出交易。要价和出价之间的缺口可能非常大，而且成交量几乎消失，所以不值得交易。

一旦我完成了当天的交易，了结了所有头寸，我就开始我的家庭作业。

家庭作业

无论我是在家，还是在交易厅，我都喜欢把它叫做家庭作业。无论在哪个地方交易，我都要把一天的交易简要地回顾一遍。

我把注意力集中在当天最好和最差的交易上。我打印出一份当天所有交易的清单，或者就在显示屏上查看。那份清单包括下列要点：

- 股票代码
- 股票数量
- 多头/空头
- 入场时间
- 出场时间
- 盈利/亏损
- 总交易笔数

我会把当天学到的东西记在日志中，包括我的心理状态。举例说明，如果我发现下午3:00之后我的一支股票开始剧烈波动，难以交易，我会把这种情况记在便笺上，在下个交易的3:00之后停止交易它。我有一个习惯，那就是把备忘便笺都挂在我的交易平台上，我第二天开始清晨活动时，一抬眼就能看到它们。

花时间回顾一天的交易是非常重要的。它使我放松下来，开始思考我的交易风格。交易风格不得不随时更新，就像电脑一样。如果我没有每天关注我的交易业绩和倾向，我将陷入那个黑暗、阴沉的地方，我喜欢称之为迷幻之地。

在迷幻之地，像这样的完美交易日开始褪色。

作为一名新手，我因为缺乏交易回顾而常常遭受损失。每当出现大亏损时，我感觉非常反感，以至于没有去分析原因。我认为只是在错误的价位进入了交易，或者只是不应该在那天交易那支股票。但实际上有更加深刻的教训需要汲取，只有对我的盘中工作进行详察，才能发现那些教训。举例说明，我一般会因为过度暴露而损失惨重。如果在一天结束后，我仔细回顾每一笔交易，那么我可能早就注意到我在不间断地交易，而不是等待适当的交易机会。我可能早就认识到，我在依自己的情绪而交易，任由利润在我的手指间滑掉。

为了能够评估你的交易业绩，你必须回顾并分析在你执行订单时发生了什么。现在，我在回顾盘中交易时，重点关注几个问题。我主要希望知道下列问题：

- 我交易最多的是哪些股票，为什么？
- 那天令我获利最多的股票是哪些，为什么？
- 那天令我亏损最多的股票是哪些，为什么？

通过回答上述三个基本问题，我在离开时感觉自己能够更好地控制自己的交易风格了。现在，我可以放松一下，享受我的夜晚，对我的表现感觉更好了。

家庭作业是对下一个完美交易日投资。

第21章

最糟糕的交易日

上午，当你在没有盘前准备的情况下开始交易时，你是在纯粹依靠情绪交易，你的分析和策略就像是美国东北部的天气一样反复无常，你将迎来最糟糕的一个交易日。

我还是一名新手时，曾经有过那样糟糕的日子，而我也曾经见过那样的日子在其他交易者身上出现过。在华尔街附近交易时，我曾亲眼看到有些"独行侠"来到交易厅，几小时后便被扫地出门。那听起来可能不可思议，但每时每刻都在发生。有可能在一天之内违反所有即日交易规则，接下来我将向你展示是如何违反的。

我曾见过一位特别典型的交易者，他的形象在我的脑海中挥之不去。对我来说，关于他的记忆，就像是对一场疯狂车祸的记忆一样深刻。虽然他是一个活生生的人，但像他那样的交易者们使我想起了"快枪麦克劳"（Quick-draw McGraw）这个卡通形象。还记得汉纳巴巴拉（Hanna-Barbera）卡通中那个精力过盛、喜怒无常的小枪手吗？

我把那位交易者叫做"快枪麦克输"（Quick-draw McLoser）。

下面是对他一天交易生活的描述。

清晨的活动

黎明时分。

"快枪"先生可能感觉非常劳累，蜷缩在床上，藏在被窝深处；也可能异常兴奋地在客厅里踱步。无论哪种情况，那个家伙都陷入了麻烦。他是如此地抑郁和焦虑，要不就是睡得太多，要不就是彻夜难眠。

"快枪"先生最近赔了很多钱。今天的交易前景令他感到害怕，而且确信无疑是那样。在他心烦意乱的疲惫和恐惧状态中，事情只会变得更糟。

他最好待在家里休息，在床上调气养身。他最好在家反思一下，那样的话，他将不会加深已经造成的伤害。

一般来说，他在昨天或过去几天的亏损，都是由于过度暴露造成的。昨晚他可能持有一个亏损的头寸，并且一直到今天早晨。

他可能在祈祷那支股票今天暴涨，以挽回他的损失。

祝你好运，"快枪"先生，你需要那支股票。

在这样的日子里，他已经完全抛弃了专家曾经给他的建议。他甚至没有想做任何运动。他不关心市场新闻，甚至不去观察其他可能令他获利的股票。他唯一关心的，是盘前交易在上午8:00开始时，他所持有的股票将在什么价位交易。

如果我的假设错误，"快枪"先生没有持有隔夜头寸，那么他那紧张不安的状态可能是由于连续亏损了四天的结果。今天星期五，是本周的最后机会，虽然他害怕继续交易，但是他渴望在最后一天能够赚取些利润。

你能看出赌博心态正在形成吗？究竟是哪种策略性的失败导致了"快枪"先生的紧张并不重要，真正的问题是，如果他今天交易，那么将是纯粹的情绪化交易。

盘前交易

距离盘前交易时段还有几分钟，我到达了市中心的交易厅。"快枪"先生已经坐在他的交易桌前了，很明显，他神情紧张，面色苍白。他看起来比昨天还要糟糕，虽然昨天他看起来已经相当不好。他总是在靠近我的交易桌的位置交易，所以我能不时地观察他。

现在我将转到"快枪"先生的视角。

时针指向了8点整，盘前数据开始在他忧郁的报价屏上跳动。他感觉自己像是在观察一个轮盘赌球在转轮上弹动。

突然之间，整个世界进入了慢运作。"快枪"先生已经看到了他的死亡。从昨天盘后交易结束后，他持有的股票又下跌了3美元。

"快枪"先生陷入了大麻烦。

"我应该在低位买入更多吗？也就是继续我的摊平操作？或者，我应该用止损单斩断亏损吗？"

"快枪"先生不能决定做什么。他拍了拍头，但很难让头脑清醒起来，恐慌已经像疯狗一样把他整个人吞噬。然后他便失去了知觉，只是呆呆地盯着显示屏，看起来就像是一具僵尸。他想重新回到舒服的床上去，跑到香甜的梦境中以逃避现实。如果运气好的话，股价可能向对他有利的方向回升。但是他已经昏昏沉沉，一点出场计划也没有。

突然，一点肾上腺素的火花溅到了他的身上。"快枪"先生突然振作起来，他坐直了身子。他认识到自己需要一个计划，此时此刻，任何计划都可以。

像一位正在数着筹码的典型赌客一样，"快枪"先生唯一考虑的事情是他的购买力。他查看一下还有多少剩余，他的选择显然是不计后果：他将一直摊平，直至收盘。有了这个可笑的计划之后，他不顾一切地打赌，股价将在上午9:30回升。

现在我们已经知道答案了，朋友，那是典型的赌博式决定。

最显著的问题是他的判断，那已经远离他的大脑。对于这支股票为什么下跌，"快枪"先生已经完全失去了兴趣。他忽略了趋势信号，他没有注意到股价刚刚突破一个重要的支撑位（30日移动平均线），而且成交量极高。

"快枪"先生已经不在乎了！

他已经选择战斗到底。他打算站起来战斗。目光呆滞的嗜赌者的幽灵正在他的肩膀上盘旋。

于是他买入更多股票。他没有退缩到自己的床上去，而是在华尔街附近的交易桌前奋战，他感觉自己很勇敢。

他唯一的希望就是市场能够向他发一点慈悲。难道他忘了吗？市场是无情的。

我们假设他昨天买入了XYZ股票，平均每股价格是50美元。在昨天结束时，他买入了1500股（累积股票总数），而且收盘价是46.50美元。然后他持有亏损的头寸过夜。

第二天早晨（今天）上午8:00，那支股票在43.50美元开盘，又下跌了3.00美元。于是，他已经每股浮亏6.50美元。那就等同于浮亏了9750美元（6.50美元×1500股）。股价每下跌1美元，他就亏损1500美元！

在拥有25万美元的购买力之后，"快枪"先生做了这样的计算：1500股50美元一股的股票，只花了75000美元。从好的方面看，他仍然有足够的实力。

现在他的浮亏已经接近1万美元！

"快枪"先生又一次考虑他的选择。"我可以回家躺在床上，等待股价以后回升，我可以立即止损，接受9750美元的损失，或者继续摊平，等待反弹。"

"快枪"先生选择了疯狗比尔（Wild Bill）的方法。嘻—哈！

开盘的钟声

上午9:30，开盘的钟声响起了。他只盯着那支股票，对市场中其他的事情毫不关心。他所关心的事情就是抱着那支股票，至少要到损益平稳点。

他注意到股价又开始下跌，于是他又买入100股，又买入100股，等等。现在他拥有了2000股那支股票，而股价仍未出现回升迹象。

"快枪"先生又一次感到了恐惧。看起来他摊平得越多，股价下跌得越快。

他现在大约还剩下15万美元的购买力。他当时已经买入了2000股，平均买入价是49.75美元。股价在击中一个42.75美元的早期低点之后，又回到了45.75美元。于是，他的浮亏有所减少，现在的浮亏是8000美元。他那不顾一切的摊平操作，看来的确收回了一些损失。

然而，因为没有真正的出场计划，所以那些收回的损失只是暂时的。只要股价下跌80美分，"快枪"先生就立即回到他原来的浮亏9750美元。而且现在他持有的是2000股，而不是原来的1500股。

过度暴露已经把绳索勒紧了。

⚏中午的活动

吃完午饭回来后，我发现"快枪"先生坐在那里的样子同我离开时完全一样。看来他没有休息，我猜他并没吃午餐。

现在我将转到"快枪"先生的观点。

他拒绝承认他的购买力是他最大的敌人。他仍然有足够杠杆，既可使他陷得更深，也可帮他摆脱困境。不过，他是在依情绪交易，所以他是公然地在疯狂赌博。他不顾一切地认为，他的购买力迟早会拯救他的。

整个下午他都在抱着他的股票，看着它涨涨跌跌，并且疯狂地祈祷。突然，那支股票快速上涨至他的损益平衡点49.75美元。"哦耶！"他欢呼着，就像在赌场中一样，交易厅中的每个人都被震惊了。

然后股价又迅速回落，向着47美元的低点直线下跌。

这次下跌的速度之快令人难以置信——真的太快了，"快枪"先生根本没反应过来。

"快枪"先生现在异常安静，但我能看出他变得更加焦虑不安了。

他从未卖出任何头寸。原因是他希望在这次炼狱般的经历中能够赚点钱。原来是恐慌，现在却是过度自信和贪婪。那些毁灭性的情绪让他相信，股价将越过他的损益平衡点继续攀升。

但是没有。

股价不但没有加速上涨，反而逐渐跌破了原来的盘中低点42.75美元。现在他开始后悔了，要是在股价到达他的损益平衡点49.75美元时卖出就好了。

"快枪"先生感觉自己超级愚蠢。噢，是的。

但事情仍未结束。

股价下跌至42.50美元，于是他又摊平买入一些。"快枪"先生现在已经精神失常了。突然之间，他开始又哭又笑。他变得有点神精质，认为那支股票正在向他报复。

他继续摊平，继续在低价买入。

时间接近交易的最后一小时。"快枪"先生从黎明开始便坐上了这趟"过山车"。他从未看过市场指数，也从未注意过其他任何一支股票。他过分迷恋于这一笔交易。

他只是不断地摊平。

交易的最后一小时

下午3:00，"快枪"先生已经累计买入了5400股。他不得不停了下来，因为他已经达到购买力的上限，25万美元。

在那个交易日的这个时间点上，他的平均买入价格已经是46.25美元，而股价正在向一个新的盘中低点42.00美元逼近。

你愿意做一下计算吗？他的每股浮亏是4.25美元（平均）。总体起来看，就是22950美元的盘中浮亏。还有60分钟，收盘的钟声就要响起了，然后便是盘后交易。但"快枪"先生愿意等待这60分钟结束，那不正是他已经做的全部事情吗？

现在掌权者（powers-that-be）进来了。

想想你的PPS交易公司是如何处理你的杠杆的。那些经理们需要你有25000美元。你预先存入的资金，是他们的保证金。那确保当你交易亏损时，他们不会损失一分钱。他们并不介意借给你25万美元（通过杠杆），但是一旦你即将全部亏掉你的保证金——你存入的25000美元——红色标志将在他们的显示屏上亮起。

距收盘只有10分钟时，"快枪"先生自己的资金已经仅剩2000美元，风险经理立即开始行动。他们所做的事情被称为风险管理干预（risk-management-intervention），说得更坦率些，就是强制卖出。

（我永远不会忘记风险经理走向"快枪"先生交易台的情景。我对"快枪"先生的难堪处境感同身受。我知道我的同伴很快将羞愧地离开。）

"我们要求你立即卖掉你的所有头寸。"风险经理在他耳边小声说道。

无论他从图表上看到了什么，无论他认为股价将如何暴涨，"快枪"先生都不得不按风险经理所说的做。他已经用那家公司的

186

资金买入了数千股，该公司不会冒险等待这支股票在盘后暴跌，更不会让它过夜！不能用他们的资金，他们不允许！

于是他很痛苦地按平均42.25美元的价格卖出了所有的5400股。风险经理确认他已经卖出后，拍了拍他的肩膀。现在，"干涉者"走开了，经纪公司的资金安全了。

但我那同伴却完全没有那么潇洒。对于那数千股股票，"快枪"先生的平均买入价是46.25美元，他在42.25美元卖出，每股损失4美元。他在那笔交易上的总亏损——那天他只有那笔交易——是21600美元。

收盘的钟声

（我禁不住凝视着他。如果换成我，我完全明白他的感受。所有我们这些专业交易者都能讲述"快枪"先生的经历）。

在剩余的交易时段里，他一直萎靡不振地坐着。他努力不哭出来，不停地思索他所做的每一个决定。他感觉自己马上要吐出来了。

盘后交易

现在，"快枪"先生可能有所感悟。尽管他感觉非常虚弱，想回家躺在床上，但是他坚持了一会儿。

他想继续看一下那支刚刚毁掉他的股票，只是因为他感到好奇。被无情地欺压与掠夺之后，唯一自然的反应就是希望知道那个破坏者的下场。

他的好奇很快转变为兴奋。当他观察他的"吃钱机器"XYZ股票在盘后的价格运动时，他注意到股价放大量下跌。那发生在数秒之内。

接下来究竟要发生什么事情呢？

结果是那支股票的收益在收盘后不久发布，它的收益相当差，导致它骤然下跌。

"快枪"先生看着它暴跌至34.50美元，太可怕了。

如果他仍然持有，结果如何呢？

他将额外再每股损失8美元！

我感觉那位风险经理真的救了那个家伙。

你应该记得，当"快枪"先生今早醒来时，他忽略了一些事情。第一，他没有查看与他的股票相关的新闻。如果他看了，那么他应该早就知道，今天那支股票的季度收益报告即将发布。

难道他不知道那条严格的规则吗？在一支股票的重要新闻发布当天和前一天，一定不要交易它！他肯定是忘了。

▤ 家庭作业

"快枪"先生今晚唯一的作业，就是想办法把自己从那个火山口里拯救出来。只有当他在那家公司的集体交易账户中再存入22000美元（他还剩下3000美元余额）时，他才可以恢复交易。

对于"快枪麦克输"先生来说，那是一大笔钱。

结束语：最后的话

你可能还记得我在第5章"学会休息"中曾经强调过，即使只是短暂地停止交易，也要保持参与的重要性。我撰写本书便是一个实例，在我暂不交易的间隙里，我仍然保持在交易圈内。

"那你为什么休息呢？"你可能问我，"当你正在大把赚钱时，为什么要停下来写书呢？"

我要提醒大家，即日交易是一个需要休息和自省的过程。在这个过程中，你不可能跳过一些步骤。你不能今天每次交易100股，明天就开始每次交易数千股。在交易规模增加时，你需要一定的修整时间，目的是学习和训练，否则你将永远无法成为一名专业的、稳定获利的交易者。

即使是交易专家，他也需要一些休整时间。那些时间可能只用来休息，可能是去放松、游玩，甚至突发灵感地写一本书……但总是对市场保持关注——每天从开盘至收盘。

而且即日交易过程并不是一帆风顺的，交易专家也不例外。像以前一样，我个人的交易经历便是最好的例证。

每当我的交易水平提升一级，开始的一段时间往往会变得比较艰难。其中一次发生在我认识到我需要一位PPS经纪人时。你应该还记得，我曾非常积极地通过一位PPT经纪人交易，忍受着过于高昂的佣金。我非常谨慎，每次只交易100股，寻找10美分至40美分的快速波动，每笔交易赚取10美元到40美元。那的确不错，因为我当时每天要做100多笔交易，但是我却被每张订单将近10美元的高额佣金击倒了！

很自然，我开始寻找PPS佣金结构的经纪公司。那样做既合乎逻辑又相当明智，但同时也带来一些问题。为什么呢？那是一次全新的调整。要成为一名准PPS交易者，你至少要拥有25000美元的交易资金。而且我也因此迁居纽约。

我在温暖的圣迭戈住了九年，大部分时间都用来做即日交易。之后，我并没有返回位于纽约州西部我那便宜、熟悉又温馨的老家，而是直奔纽约市而去。你知道，我别无选择，PPS即日交易公司集中在那里，而且多数都靠近华尔街。

我已经准备好采取那种交易形式，但对于面临的障碍，准备得却不够充分。一方面，我得到了交易专家拥有的一切：高杠杆（20:1），专业的环境（交易厅），直接数据访问（Level 2和"快捷键"订单执行），当然，还有我自己延长了的交易历史。但是搬迁带来的震动，再加上完全陌生的交易系统，对我的交易心理造成了极大的影响。我的舒适区域被彻底毁掉了，我的正常节奏消失了，我之前的获利一致性大打折扣。实际上，我不得不重新学习即日交易。虽然我最终接触到了专业的即日交易和即日交易者们，并且一直认为向曼哈顿的搬迁是我职业生涯中最好的一次搬迁，但是那次调整的确花了不少时间。

在那段时间里，我赔钱了。在一个物价极高的城市里！

好的一面是能够与资深的私人即日交易者们并肩工作。他们大多比我年长，40多岁或50多岁的样子。他们的交易规模为500股或更大，而且可以持续稳定地获利。他们通常被称为超级交易者。

有时，我会在一个交易日里一直偷窥他们的交易，我总是佩服得五体投地。他们每天的盈利（或亏损）通常超过5000美元。

不过，真正令我佩服的，是他们每个人传奇式的经历。他们总是强调在努力成为专家的过程中所经历的种种可怕的磨难。他们每个人都讲述着类似的恐怖故事，我在听后受到了越来越多的启示。他们都经受过巨额亏损带来的痛苦。例如，大多数人都曾经抵押过他们的房产——至少一次——然后东山再起。有几位不得不宣告破产。其中有些人告诉我，他们曾经像耗子一样，吃过一年的花生酱和果冻。

不幸的是，在这一行业，前进一步可能要花费很多。他们强调了一定不要失去动力的重要性。他们知道，在每次巨额亏损之后，也会学到经验，为他们成为专家增加了筹码。

他们的观点，也是我想让你明白的观点，这个职业并不是荣耀的，至少不会马上变得荣耀。因此，我拒绝对它进行任何粉饰，因为那将是犯罪。交易的真相是，你可能在学习如何成为一名交易专家的过程中，同时失去你的信心和全部财产。

我向曼哈顿的搬迁，牺牲了不少东西。为了筹集资金，我卖掉了自己的一切。当我在城里住下来，在交易事业不断发展的过程中，我又经受了一次令人极度痛苦的亏损。但是，那次搬迁现在有了回报，我已经是一名专业的即日交易者。

对我来说，抽时间撰写本书已经成为我对自己交易经历的一个总结，成功比赚钱更重要。能够成为一名交易顾问，我感到非常高兴。本书提供的规则和策略，可能正是新手们常常忘却的。如果你能从我的错误中学习，那么将使我的错误产生更多价值。

| 需要牢记的规则 |

这最后一部分是一个供读者快速查阅的列表。我把每章的规则收集整理在这里。请先阅读这些规则所对应的整个章节，这些规则本身不会教你什么，它们的作用只是提醒。

第1章　首先了解自身的真相

● 提高你的交易水平是一个逐渐的过程，没有专业顾问或家教式培训的帮助，千万不可操之过急。

● 拥有一张第七套证券价格资格证书，并不意味着你是一位专业的即日交易者，你仍然需要培训。

● 做即日交易时，一直要保持积极活跃。这是提高交易水平的关键所在。

第2章　情绪是如何破坏交易的

● 如果你感觉自己被情绪控制了，立即降低你暴露于市场中的风险。

● 一天内的交易规模要保持一致，坚持每次交易100股。

● 设定现实的利润目标，同时作出现实的预算。

第3章　防止过度自信

● 自信是一种情绪工具，你必须驯服它、控制它。

● 在不知道出场点时，永远不要进入一笔交易。

● 一旦确定了出场点，就总要坚持在既定价位出场。

第4章　从焦躁不安到沉着冷静、泰然自若

- 感觉失控和厌烦时，永远不要去选择入场或出场点。
- 选择每5分钟周期内至少运动25美分的股票。
- 在你成为高级交易者之前，每次交易不要超过100股。
- 不要奢望一开始就赚很多钱。
- 在你开始或返回即日交易前，先把本书读完。

第5章　学会休息

- 不要仅为了筹集更多资金而休假。
- 每天交易结束后，对自己的业绩进行评定。
- 记下交易失误的原因。
- 你的交易始终不一致时，停止交易去休假。
- 在你暂停交易期间，积极分析你的错误，在心理上做好返回交易的准备。
- 为不可避免的休假制定一个计划。

第6章　风险管理的重要性

- 对于某支特定的股票，每次交易的股票数量不应超过你能够应对的风险。
- 如果你是一名初学者，坚持每次只交易100股。
- 如果你感到紧张，那么立即退出交易。
- 除非你的交易水平已经非常高，否则不要在上午9:45之前进行交易。
- 在低风险（低暴露）交易中练习你的风险控制技能。
- 永远不要以我们讨论过的方式过度暴露自己。

第7章　过度暴露于市场的危害

- 对于你不熟悉的股票，交易规模永远不要超过100股。
- 当你能够在正常交易时间稳定获利后，才可尝试在盘前和盘后交易。
- 当你感觉彻底失控时，有可能是过度暴露了，立即止损退出。

第8章　预算：了解你的资金限制

● 如果你打算自我培训，那么应该准备好三个月不工作的日常开支。如果你打算参加专业的顾问指导计划，那么应该准备好一个月不工作的日常开支。

● 经过你自己三个月的培训，或者一个月的顾问指导计划之后，在你能够持续获利之前，不要试图为收入而交易。

● 如果你辞去日常工作，那么要确保能够再找一份工作。作为一种比较安全的选择，让交易顾问帮你做即日交易培训。

● 在培训和交易期间，都要准备好缓冲资金。

● 一定不要把你的缓冲资金放在交易账户中。

● 使用预算软件及时更新你的交易账户记录。

第9章　利用止损将你的风险最小化

● 学习如何正确止损是一个反复试验的过程，再重复一遍：小规模交易（100股）。

● 在你确定当天的支撑和压力位之前，不要试图设定止损位。

● 在你确定止损退出的价位之前，要知道你当天的经济限制。

● 对于每一笔已经入场的交易，要坚持使用预定的止损出场价位。

第10章　摊平：高手的策略

● 在你足够熟练之前，一定不要尝试摊平操作。

● 在进行摊平操作时，一定不要超越你的风险阈值。

● 仅对你能够持续获利的股票使用摊平操作。

第11章　赌博与即日交易

● 在开始即日交易之前学习风险管理，否则你就是在掷骰子赌博。

● 在实际交易的开始阶段，不断练习风险管理技巧。

● 坚持利用即日交易提供的重要选项权，这些选择权在赌博时是不存在的。

● 切记，永远不要问自己今天是否感觉很幸运。

第12章　为什么有些交易者犯的错误较多

- 一定要盯紧自己的交易！
- 记下你所犯的每一个错误。
- 你的错误使另一个交易者获利，所以弄明白他作对了什么。
- 集中精力把那些常犯的错误根除。
- 对于自己的错误，不但不能置之不理，反而要从中学习，不断成长。

第13章　保持一天内交易的一致性

- 找出你的承受水平，并且对止损和获利规则进行相应调整。
- 严格要求自己在一天内按相同的方式交易。
- 永远不要持有头寸过夜！

第14章　股票选择：简化工作过程

- 即便对于很适合交易的股票，也一定不能放松警惕，以较大的规模交易。
- 寻找交易一直比较活跃的股票，在最近三个月的时间段上，平均每天的成交量要大于100万股。
- 一定不要交易低价股。
- 只向你的候选股列表中添加价格在10美元和100美元之间的股票。
- 排除图表显示平直形态的股票。
- 对于产品销售受政府法规影响很大的公司，不要交易它们的股票。
- 在与你的股票相关的预期新闻发布之前，不要交易。
- 远离那些濒临破产的公司的股票。
- 在开始交易你所找出的股票之前，请读完本书。

第15章　为什么新闻可能只是噪声

- 知道哪种新闻会伤害到你的交易，哪种新闻只是噪声。
- 一定要知道你的股票的收益报告披露日期。

- 不要在收益报告发布当天和前一天交易。

- 如果新闻在中午发布，并且立即影响你的股票价格，当天停止交易那支股票。

第16章　关于那些培训课程

- 如果你是一名即日交易的初学者，去寻求一些结构化的培训。

- 在去培训班时，要带着问题。

- 不要奢望在短期培训后便成为一个专家。

- 坚持要求获得有关PPS经纪人的信息。

- 如果你是一位有经验的初学者，那么去寻找顾问指导计划。

第17章　选择合适的在线经纪人：PPS与PPT

- 如果你打算每天做多笔交易，并且不持有隔夜头寸，那么就不要使用PPT经纪人。

- 保留PPT交易账户，只用于做长期交易和获得免费资源。

- PPS交易中，在选择杠杆时格外小心，总是从较小的杠杆（10∶1）开始。

- 当寻找PPS经纪人时，实地参观一个交易厅，然后至少花几天时间测试他们的示例软件，并且留意他们的佣金/费用体系。

- 只有在他们的交易厅交易一段时间后，才可以在家做远程交易。

第18章　模拟交易策略

- 在模拟交易时，考虑真实交易，降低交易规模。

- 模拟交易时像真实交易一样。

- 不要把模拟交易当做估算盈利的方法。

第19章　为技能交易与为收入交易

- 总是从第一级的股票开始，然后逐级提升。

- 在对你的股票模拟交易，并且稳定获利之前，不要用真实资金交易。

"引领时代"金融投资系列书目

书 名	原书名	作 者	译 者	定价
世界交易经典译丛				
我如何以交易为生	How I Trade for a Living	〔美〕加里·史密斯	张 轶	42.00元
华尔街40年投机和冒险	Wall Street Ventures & Adventures Through Forty Years	〔美〕理查德·D.威科夫	蒋少华、代玉簪	39.00元
非赌博式交易	Trading Without Gambling	〔美〕马塞尔·林克	沈阳格微翻译服务中心	45.00元
一个交易者的资金管理系统	A Trader's Money Management System	〔美〕班尼特·A.麦克道尔	张 轶	36.00元
非波纳奇交易	Fibonacci Trading	〔美〕卡罗琳·伯罗登	沈阳格微翻译服务中心	42.00元
顶级交易的三大技巧	The Three Skills of Top Trading	〔美〕汉克·普鲁登	张 轶	42.00元
以趋势交易为生	Trend Trading for a Living	〔美〕托马斯·K.卡尔	张 轶	38.00元
超越技术分析	Beyond Technical Analysis	〔美〕图莎尔·钱德	罗光海	55.00元
商品期货市场的交易时机	Timing Techniques for Commodity Futures Markets	〔美〕科林·亚历山大	郭洪钧、关慧——海通期货研究所	42.00元
技术分析解密	Technical Analysis Demystified	〔美〕康斯坦丝·布朗	沈阳格微翻译服务中心	38.00元
日内交易策略	Day Trading Grain Futures	〔英、新、澳〕戴维·班尼特	张意忠	33.00元
马伯金融市场操作艺术	Marber on Markets	〔英〕布莱恩·马伯	吴 楠	52.00元
交易风险管理	Trading Risk	〔美〕肯尼思·L.格兰特	蒋少华、代玉簪	45.00元
非同寻常的大众幻想与全民疯狂	Extraordinary Popular Delusions & the Madness of Crowds	〔英〕查尔斯·麦基	黄惠兰、邹林华	58.00元
高胜算交易策略	High Probability Trading Strategies	〔美〕罗伯特·C.迈纳	张意忠	48.00元
每日交易心理训练	The Daily Trading Coach	〔美〕布里特·N.斯蒂恩博格	沈阳格微翻译服务中心	53.00元
逻辑交易者	Logical Trader	〔美〕马克·费舍尔	朴 兮	45.00元
市场交易策略	Market Trading Tactics	〔美〕戴若·顾比	罗光海	48.00元
股票即日交易的真相	The Truth About Day Trading Stocks	〔美〕乔希·迪皮特罗	罗光海	36.00元
形态交易精要	Trade What You See	〔美〕拉里·派斯温托 莱斯莉·久弗拉斯	张意忠	38.00元
战胜金融期货市场	Beating the Financial Futures Market	〔美〕阿特·柯林斯	张 轶	53.00元

国内原创精品系列

如何选择超级黑马	——	冷风树	——	48.00元
散户法宝	——	陈立辉	——	38.00元
庄家克星（修订第2版）	——	童牧野	——	48.00元
老鼠戏猫	——	姚茂敦	——	35.00元
一阳锁套利及投机技巧	——	一　阳	——	32.00元
短线看量技巧	——	一　阳	——	35.00元
对称理论的实战法则	——	冷风树	——	42.00元
金牌交易员操盘教程	——	冷风树	——	48.00元
黑马股走势规律与操盘技巧	——	韩永生	——	38.00元
万法归宗	——	陈立辉	——	40.00元
我把股市当战场（修订第2版）	——	童牧野	——	38.00元
金牌交易员的36堂课	——	冷风树	——	42.00元
零成本股票播种术	——	陈拥军	——	36.00元
降龙伏虎	——	周家勋、周涛	——	48.00元
金牌交易员的交易系统	——	冷风树	——	42.00元
金牌交易员多空法则	——	冷风树	——	42.00元
十年一梦（修订版）	——	青泽	——	45.00元
走出技术分析陷阱	——	孙大莹	——	58.00元
期货实战经验谈（暂定）	——	李意坚	——	36.00元（估）
致胜之道——短线操盘技术入门与提高	——	韩永生	——	38.00元（估）
鬼变脸主义及其敛财哲学（修订第2版）	——	童牧野	——	48.00元（估）

更方便的购书方式：

方法一：登录网站http://www.zhipinbook.com联系我们；

方法二：直接邮政汇款至：北京市西城区北三环中路甲六号出版创意大厦7层

　　　　收款人：吕先明　　邮编：100120

方法三：银行汇款：中国农业银行北京市朝阳路北支行

　　　　账号：622 848 0010 5184 15012　　　收款人：吕先明

注： 如果您采用邮购方式订购，请务必附上您的详细地址、邮编、电话、收货人及所订书目等信息，款到发书。我们将在邮局以印刷品的方式发货，免邮费，如需挂号每单另付3元，发货7-15日可到。请咨询电话：010-58572701 （9：00-17：30，周日休息）

网站链接：http://www.zhipinbook.com

丛书工作委员会

本书工作委员会